高职高专智能网联汽车技术专业校企合作创新教材

智能网联汽车数据采集

主　编　钱良辉　刘晓攀　徐旭升
副主编　李　浩　李国雄　颜　燕　杨正军
参　编　黄金凤　袁建军　滕学蓓　许建忠　齐　辉

机械工业出版社

全书共有九个模块，主要讲述智能网联汽车数据采集与数据应用，智能网联汽车数据采集系统开发与运行环境准备，摄像头数据接入技术与工程实践，激光雷达数据接入技术与工程实践，毫米波雷达数据接入技术与工程实践，智能视觉传感器及其数据采集，智能网联车载通信接入技术与工程实践，高精度定位技术及其数据采集，系统集成、系统调试、系统测试验证工程实践。为帮助读者加深对智能网联汽车数据采集技术的理解，在各模块中穿插岗位任务和较多示例，并附有思考与练习。

本书内容新颖，图文并茂，通俗易懂，实用性强，可作为高职高专智能网联汽车技术专业教材，也可作为智能网联汽车数据采集技术人员培训教材。

图书在版编目（CIP）数据

智能网联汽车数据采集 / 钱良辉，刘晓攀，徐旭升主编. —4版. —北京：机械工业出版社，2024.1

高职高专智能网联汽车技术专业校企合作创新教材

ISBN 978-7-111-74571-6

Ⅰ. ①智… Ⅱ. ①钱… ②刘… ③徐… Ⅲ. ①汽车–智能通信网–高等职业教育–教材 Ⅳ. ①U463.67

中国国家版本馆CIP数据核字（2024）第001677号

机械工业出版社（北京市百万庄大街22号　邮政编码100037）
策划编辑：谢　元　　　　　责任编辑：谢　元
责任校对：孙明慧　李　杉　　封面设计：马精明
责任印制：常天培
北京宝隆世纪印刷有限公司印刷
2024年1月第1版第1次印刷
184mm×260mm·11.5印张·204千字
标准书号：ISBN 978-7-111-74571-6
定价：59.00元

电话服务　　　　　　　　网络服务
客服电话：010-88361066　　机　工　官　网：www.cmpbook.com
　　　　　010-88379833　　机　工　官　博：weibo.com/cmp1952
　　　　　010-68326294　　金　书　网：www.golden-book.com
封底无防伪标均为盗版　　　机工教育服务网：www.cmpedu.com

前 言

当今世界正经历百年未有之大变局，新一轮科技革命和产业变革方兴未艾，智能汽车已成为全球汽车产业发展的战略方向。2019年9月，中共中央、国务院印发的《交通强国建设纲要》提出，加强智能网联汽车（智能汽车、自动驾驶、车路协同）研发，形成自主可控完整的产业链。2020年，国家发展和改革委员会等发布的《智能汽车创新发展战略》强调，发展智能汽车有利于加快制造强国、科技强国、网络强国、交通强国、数字中国、智慧社会建设，增强新时代国家综合实力。2021年2月，中共中央、国务院印发的《国家综合立体交通网规划纲要》特别提到，推进智能网联汽车（智能汽车、自动驾驶、车路协同）应用，推动智能网联汽车与智慧城市协同发展。据预测，到2025年，全球智能网联汽车销量将突破7850万辆，2021—2025年CAGR（复合年均增长率）为7.72%；据中国汽车工程学会预测，到2025年，汽车产业智能化和网联化可带动新增产值8000亿元。

与此形成鲜明对比的是，智能网联汽车人才总量匮乏。据中国人才研究会汽车人才专业委员会《2021年汽车行业劳动用工对标报告》统计，2021年参与对标的汽车企业从业人员约为84.4万人，研发人员约为9万人，智能网联相关方向的研发人员约为7000人，智能网联汽车研发人员占比8.1%。据预测，到2025年，智能网联汽车涉及的相关专业的高校本科生规模预计仅7300余人，我国智能网联研发人才净缺口在2.37万人以上。

为满足行业对智能网联汽车技术专业人才的需求，促进院校汽车专业建设和课程体系完善，我们编写了本书。全书共有九个模块，主要讲述智能网联汽车数据采集与数据应用，智能网联汽车数据采集系统开发与运行环境准备，摄像头数据接入技术与工程实践，激光雷达数据接入技术与工程实践，毫米波雷达数据接入技术与工程实践，智能视觉传感

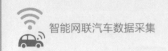

器及其数据采集,智能网联车载通信接入技术与工程实践,高精度定位技术及其数据采集,系统集成、系统调试、系统测试验证工程实践。为帮助读者加深对智能网联汽车数据采集技术的理解,在各模块中穿插岗位任务和较多示例,并附有思考与练习。本书内容新颖,图文并茂,通俗易懂,实用性强,可作为高职高专智能网联汽车技术专业教材,也可作为智能网联汽车数据采集技术人员培训教材。

本书由钱良辉、刘晓攀、徐旭升担任主编,李浩、李国雄、颜燕、杨正军担任副主编。参加本书编写工作的还有黄金凤、袁建军、滕学蓓、许建忠、齐辉。在编写过程中,得到了西南林业大学、北京汇智慧众汽车技术研究院、中汽研汽车检验中心(天津)有限公司、中汽科技(北京)有限公司、北京小马智行科技有限公司的大力支持,在此表示衷心的感谢。同时感谢在本书的编写过程中所有给予指导和建议的专家、老师和工程师。在本书的编写过程中,我们引用了部分互联网资料和相关文献的内容,特此向其作者表示诚挚的谢意。本书使用了大量的彩图便于读者理解,并针对每一项技术介绍了当前新的实际应用情况,示例多是我们在实际开发或技术研究过程中的项目心得及经验。

智能网联汽车发展日新月异,由于我们学识有限,书中如有不足之处,恳请各位读者批评指正。

编　者

目 录

前言

模块一
智能网联汽车数据采集与数据应用

001

一、智能网联汽车数据采集系统 ...002
二、多源数据的采集与应用 ...004
三、数据采集与数据应用的相关标准与规范 ...007
岗位任务一　收集补充数据采集与数据应用的相关标准与规范 ...011
思考与练习 ...011

模块二
智能网联汽车数据采集系统开发与运行环境准备

013

一、Ubuntu 系统 ...014
岗位任务二　Ubuntu 的安装与使用 ...016
二、ROS ...024
岗位任务三　ROS 的安装与使用 ...031
思考与练习 ...036

模块三
摄像头数据接入技术与工程实践

037

一、摄像头 ...038
二、摄像头通信接口与协议 ...042
岗位任务四　摄像头数据接入与调试 ...045
思考与练习 ...051

模块四
激光雷达数据接入技术与工程实践
052

一、激光雷达 ...053
二、激光雷达通信接口与协议 ...060
岗位任务五　激光雷达数据接入与调试 ...064
思考与练习 ...072

模块五
毫米波雷达数据接入技术与工程实践
074

一、毫米波雷达 ...075
二、毫米波雷达通信接口与协议 ...077
岗位任务六　毫米波雷达接入与调试 ...078
思考与练习 ...085

模块六
智能视觉传感器及其数据采集
086

一、视觉传感器概述 ...087
二、智能视觉传感器通信接口与协议 ...089
岗位任务七　智能视觉传感器接入与调试 ...093
思考与练习 ...100

模块七
智能网联车载通信接入技术与工程实践
101

一、汽车总线技术 ...102
二、汽车总线通信接口与协议 ...115
三、车载以太网 ...121
岗位任务八　汽车总线接入与调试 ...125
思考与练习 ...128

模块八
高精度定位技术及其数据采集
129

一、高精度定位概述 ...130
二、定位设备通信接口与协议 ...142
岗位任务九　高精度定位设备接入与调试 ...146
思考与练习 ...158

模块九
系统集成、系统调试、系统测试验证工程实践
159

一、多源传感器采集技术工程实践 ...160
二、数据采集与数据存储技术工程实践 ...162
三、实时故障检测与诊断技术工程实践 ...164
四、人机交互技术工程实践 ...166
五、设备开机自启动技术工程实践 ...169
六、系统集成和测试验证 ...173
岗位任务十　系统集成、调试及验证 ...174
思考与练习 ...175

模块一
智能网联汽车数据采集与数据应用

学习目标

知识目标

- 能描述智能网联汽车数据采集系统的概念。
- 能描述智能网联汽车数据采集系统的基本架构。
- 能描述传感器融合的种类。
- 能描述智能网联汽车驾驶场景规范体系的相关内容。

技能目标

- 能根据具体应用需求确定智能网联汽车驾驶场景的形态。
- 能根据智能网联汽车驾驶场景规范体系中的具体规范指导驾驶场景采集、数据存储、同步、处理、应用和数据库建设等工作。

素质目标

- 养成查阅资料、勤于思考、联系实际的习惯,增强学习能力。
- 通过了解我国在智能网联汽车驾驶场景方面取得的成绩,提升民族自信心。

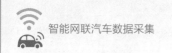

一、智能网联汽车数据采集系统

1. 数据采集系统的概念

据分析,自动驾驶汽车需要在真实或者虚拟环境中至少进行 177 亿 km 的里程测试,才能证明智能网联汽车自动驾驶系统比驾驶人更可靠。然而,基于里程的测试方法具有测试周期长、效率低、成本高等弊端,自动驾驶汽车要商业化落地,单纯依靠基于里程的测试方法是不够的,基于场景的仿真测试方法不可或缺。场景是智能网联汽车自动驾驶测试系统中相当重要的一环,测试场景的多样性、覆盖性、典型性等会影响测试结果的准确性,从而保证自动驾驶的安全与质量。自然驾驶数据作为智能网联汽车自动驾驶典型场景和边角场景来源的主要基础,代表了约 80% 的道路交通状况,因此必须进行自然驾驶场景数据采集并不断完善场景库。

智能网联自动驾驶汽车数据采集系统是指能够同步采集自动驾驶中所有传感器及控制器的相关数据,由数据采集主机、数据采集接口设备、数据采集和处理软件等组成的有机体。

2. 数据采集系统的基本架构

智能网联汽车驾驶场景来源一般包含标准法规、自然驾驶数据、交通事故数据、仿真衍生数据等。驾驶场景数据采集主要包含两部分内容:一是驾驶场景数据采集平台的搭建和工具链的设计,驾驶场景数据采集需要相应的感知系统、定位系统、上位机系统、采集控制器主机系统等进行支撑,同时需要依靠统一的工具链实现传感器标定、数据存储和同步处理;二是需要设计合理的采集方案和采集需求,包含采集路线设计,采集天气情况及地理情况覆盖、白天及夜晚光线条件,采集参数精度设定等,为后续的场景数据处理、场景库搭建以及场景应用等提供数据基础。

在进行驾驶场景数据采集时,应详细制订场景采集路线,涉及高速公路、城市道路、乡村公路、停车场等不同的道路类型,覆盖各种道路上的场景类型,同时也应满足企业针对各种自动驾驶系统的开发和测试需求；驾驶人的选择应尽量考虑不同年龄段、不同性别、不同职业和不同驾驶倾向性等特点；场景采集时间应尽可能地覆盖晴天、雨天、雪天、雾天等天气情况，尽可能地覆盖白天、夜晚场景。

综合考虑智能网联汽车驾驶场景数据需求、场景定义及影响因素等，可按相对大地的移动特性将驾驶场景采集信息分为静态和动态两类，道路及设施和气象信息构成静态信息；本车驾驶行为及交通参与者构成动态信息。驾驶场景大数据采集要素总体框架见表 1-1。

表 1-1 驾驶场景大数据采集要素总体框架

驾驶场景大数据采集要素	静态信息	道路及设施	道路类型
			道路特征
			交通标志
			临时变化
		气象条件	气象信息
			光照强度
	动态信息	本车驾驶行为	激进驾驶
			一般驾驶
			保守驾驶
		交通参与者	机动车行为
			非机动车行为
			行人行为

测试场景数据来源一般包括自然驾驶场景、危险工况场景、标准法规场景、参数重组场景。

自然驾驶场景是在汽车真实的自然驾驶状态场景下提供车辆数据、驾驶人行为、道路环境等多维度信息，是证明自动驾驶有效性的一种充分测试场景，包含智能网联自动驾驶汽车所处的人—车—环境—任务等全方位信息。

危险工况场景主要来源于交通事故数据库，是智能网联汽车自动驾驶控制策略安全性和可靠性验证的关键。危险工况场景主要涵盖恶劣天气环境、复杂道路交通和典型交通事故三大类场景，是证明自动驾驶有效性的必要测试场景之一。

标准法规场景主要来源于现有的标准、评价规程等，如 ISO、NHTSA、E-NCAP、C-NCAP 等多项标准，评价规程对现有自动驾驶功能测试进行了规定。标准法规测试场景是智能网联汽车自动驾驶功能在研发和认证阶段必须要满足的基础测试场景。

参数重组场景来源于现有场景数据库资源，通过对已有的仿真场景进行参数化设置，随机生成或自动重组相应类型的场景。参数重组场景通过对静态要素、动态要素以及驾驶人行为要素等进行不同排列组合及遍历取值，扩展参数重组场景边界，有效覆盖自动驾驶功能测试盲区，是对测试场景未知工况的有效补充。

二、多源数据的采集与应用

在智能网联汽车中，传感器融合是融合来自多个传感器数据的过程。该步骤在机器人技术中是强制性的，因为它提供了更高的可靠性、冗余性以及最终的安全性。

为了更好地理解上述概念，我们考虑一个简单的例子——激光雷达和相机都在看着行人：

1）如果两个传感器中的一个没有检测到行人，我们将使用另一个传感器作为冗余来增加检测到行人的机会。

2）如果两个传感器都检测到了行人，传感器融合技术将使我们更准确地知道行人的位置。

由于传感器是有噪声的，因此需要传感器融合算法来处理这些噪声，并尽可能进行最精确的估计。

在融合传感器时，我们实际上是在融合传感器数据，或者叫作数据融合。有九种方法可以构建数据融合算法，这九种方法又可以分为三大类，分别是按抽象级别的传感器融合、按中心化级别的传感器融合和按竞争级别的传感器融合。

1. 按抽象级别的传感器融合

最常见的融合类型是抽象级别的。在这种情况下，问题是"应该在什么时候进行融合？"

激光雷达和摄像头的融合中描述了早期（EARLY）和后期（LATE）融合两种过程。

在业界，还有其他称呼：低级别（Low-Level）、中级别（Mid-Level）和高级别（High-Level）传感器融合。

（1）低级别融合

低级别传感器融合是融合来自多个传感器的原始数据。例如，融合来自激光雷达的点云数据和来自摄像头的像素级数据，这种类型的融合在未来几年具有很大的潜力，因为其考虑了所有数据，如图 1-1 所示。在此过程中使用了对象检测，但真正完成这项工作的是将 3D 点云投影到图像中，然后将其与像素关联起来。

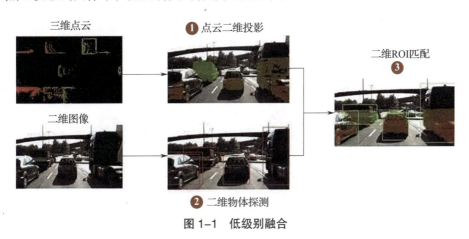

图 1-1　低级别融合

低级别融合几年前还很难做到，因为所需的处理量很大。每毫秒可以将数十万个点与数十万个像素融合在一起。

（2）中级别融合

中级别传感器融合是将传感器独立检测到的物体进行融合。如果摄像头检测到障碍物，雷达也检测到它，我们把这些结果融合在一起形成对障碍物的位置、类别和速度的最佳估计，如图 1-2 所示。通常使用的方法是卡尔曼滤波器（贝叶斯算法）。这个过程很容易理解，并且包含了几个现有的实现。它严重依赖于检测器。如果一个失败，整个融合都

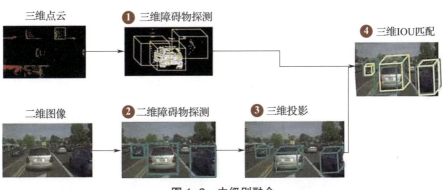

图 1-2　中级别融合

可能失败。卡尔曼滤波器可以解决这个问题。

将来自激光雷达的 3D 边界框与来自对象检测算法的 2D 边界框融合在一起，也可以将 3D 激光雷达的结果映射到 2D 中，并在 2D 影像中进行数据融合。

（3）高级别融合

高级别传感器融合是融合对象及其轨迹。我们不仅依赖于检测，还依赖于预测和跟踪。此过程高一级，其优点是简单。一个主要问题是可能会丢失太多信息。如果追踪是错误的，那么整件事都是错误的。雷达和摄像头之间按抽象级别的数据融合如图 1-3 所示。

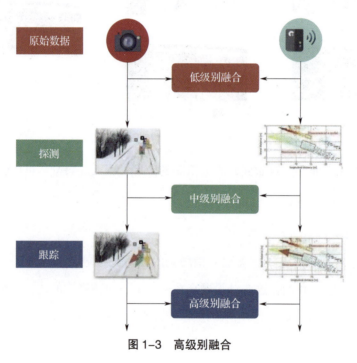

图 1-3　高级别融合

2. 按中心化级别的传感器融合

融合算法的第二类方法是按中心化级别来区分的。该场景下的问题是"融合在哪里发生？"主计算机可以做，或者每个传感器可以做自己的检测和融合。一些方法是通过使用称为卫星架构的技术来做融合的。

有三种类型的融合：

1）中心化：一个中央单元处理融合（低级别）。

2）去中心化：每个传感器融合数据并将其转发到下一个。

3）分布式：每个传感器在本地处理数据并将其发送到下一个单元（后期融合）。

以自动驾驶汽车为例，每个传感器都有自己的计算机，所有这些计算机都连接到一个中央计算单元。

3. 按竞争级别的传感器融合

对传感器融合算法进行分类的最后一种方法是按竞争级别。在抽象级别，问题是"什么时候"融合应该发生；在中心化级别，它是关于"在哪里"的；在竞争级别，问题是"融合应该做什么？"同样，有三种可能。

（1）竞争融合

竞争融合是指传感器用于相同目的。例如，当同时使用雷达和激光雷达来检测行人时。这里发生的数据融合过程称为冗余，使用术语"竞争"。

（2）互补融合

互补融合是指使用不同的传感器观察不同的场景来获取我们使用其他方式无法获得的东西。例如，使用多个摄像头构建全景图时。由于这些传感器相互补充，使用术语"互补"。

（3）协同融合

协同融合是关于使用两个或更多传感器来产生一个新场景，但是是关于同一个对象的，例如，在使用2D传感器进行3D扫描或3D重建时。

三、数据采集与数据应用的相关标准与规范

1. 智能网联车驾驶场景规范体系概述

场景采集、算法开发、产品验证等对智能网联汽车驾驶场景的需求是不同的，需要根据具体应用需求确定自动驾驶场景的形态。例如，驾驶场景的采集和数据处理需要统一的规范指导各家企业进行，保证驾驶场景数据的采集、存储和处理规范一致，便于数据的交换和利用；构建虚拟测试场景对自动驾驶的功能和性能进行仿真测试，可以使测试过程更加安全、测试场景更加多样、测试时间显著缩短；构建用于实车测试的场景，可满足对自动驾驶汽车进行实地测试评价的需求。因此构建中国智能网联汽车场景数据标准规范体系能够促进中国智能网联汽车的发展。

驾驶场景相关规范体系涉及通用类规范、基础类规范、技术类规范和应用类规范四个大类，见表1-2。整个驾驶场景规范体系针对从驾驶场景的基本定义、分类方法、采集、存储、数据传输和处理到场景库建设和应用整个流程分别作出详细的要求和方法指导。

表1-2 智能网联汽车驾驶场景规范体系

智能网联汽车驾驶场景规范体系	通用类规范	智能网联汽车驾驶场景规范体系概述
		智能网联汽车驾驶场景通用信息规范
	基础类规范	智能网联汽车驾驶场景定义规范
		智能网联汽车驾驶场景术语和缩写规范
		智能网联汽车驾驶场景分类规范
	技术类规范	智能网联汽车驾驶场景数据采集规范
		智能网联汽车驾驶场景数据采集平台规范
		智能网联汽车驾驶场景数据采集参数及精度要求规范
		智能网联汽车驾驶场景数据同步要求规范
		智能网联汽车驾驶场景数据存储规范
		智能网联汽车驾驶场景数据传输规范
		智能网联汽车驾驶场景数据清洗规范
		智能网联汽车驾驶场景数据处理规范
		智能网联汽车驾驶场景测试用例提取规范
		智能网联汽车驾驶场景测试用例存储规范
		智能网联汽车驾驶场景数据标注规范
		智能网联汽车驾驶场景数据标注工具链规范
		智能网联汽车虚拟场景搭建规范
	应用类规范	智能网联汽车辅助驾驶系统仿真测试规范
		智能网联汽车自动驾驶系统仿真测试规范
		智能网联汽车辅助驾驶场地测试规范
		智能网联汽车自动驾驶场地测试规范
		智能网联汽车辅助驾驶评价规范
		智能网联汽车自动驾驶评价规范

2. 驾驶场景规范

智能网联汽车驾驶场景规范体系包含《智能网联汽车驾驶场景规范体系》《智能网联汽车驾驶场景通用信息规范》《智能网联汽车驾驶场景定义规范》《智能网联汽车驾驶场景术语和缩写规范》等 24 项规范。这些规范具体指导中国驾驶场景采集、数据存储、同步、处理、应用和数据库建设等工作。

所有的规范总共分为四大类，分别是通用类规范、基础类规范、技术类规范和应用类规范。其中，《智能网联汽车驾驶场景规范体系概述》概述整个中国智能网联汽车驾驶场景数据规范体系：以场景规范为主线，逐步开展中国智能网联汽车数据开放共享工作组的工作。本规范旨在描述整个测试评价体系的架构、意义、特性及重要性。

《智能网联汽车驾驶场景通用信息规范》指导整个驾驶场景规范体系的建立，形成驾驶场景采集平台、数据采集、数据同步、数据存储和传输、数据清洗、数据处理分析、测试用例提取和存储、虚拟场景搭建和场景应用等规范和各规范之间的关系。

《智能网联汽车驾驶场景定义规范》确定功能场景、逻辑场景和测试用例的概念，并确定驾驶场景描述的本车状态、交通状态、目标车状态和环境状态四层要素信息。该规范是驾驶场景理论体系的基础，是驾驶场景分类、数据存储和数据处理等规范的基础。

《智能网联汽车驾驶场景术语和缩写规范》详细定义驾驶场景规范体系中涉及的术语、定义和缩写，如功能场景、逻辑场景、测试用例、动态要素、静态要素和驾驶人行为要素等。明确统一了驾驶场景相关术语的命名和定义。

《智能网联汽车驾驶场景分类规范》对基于本车状态、交通状态、目标车状态和环境状态四层要素信息的驾驶场景分类方法进行研究，指导驾驶场景信息的采集、数据处理和应用等工作的进行。

《智能网联汽车驾驶场景数据采集规范》详细规定了场景采集路线里程选择原则、路线的选择、驾驶人选择、环境条件覆盖、白天、夜晚采集等要求。

《智能网联汽车驾驶场景数据采集平台规范》详细定义驾驶场景数据采集平台应用的视觉、毫米波雷达、激光雷达、高精度定位系统等传感器的选择、标定以及联合标定方法等；规定驾驶场景采集系统硬件和软件要求，指导工作组采用统一的场景采集平台进行驾驶场景数据采集。

《智能网联汽车驾驶场景数据采集参数及精度要求规范》，确定了根据驾驶场景定义和分类的要求，按照本车信息、道路交通信息、交通参与者信息和环境信息四层要素分别确定采集参数的类型和精度要求。

《智能网联汽车驾驶场景数据同步要求规范》明确了驾驶场景数据采集平台采集视觉感知数据、毫米波雷达数据、视频数据、GPS 数据和车辆 CAN 数据的同步方法及同步精度要求，同时指导驾驶场景数据的存储方法及要求。

《智能网联汽车驾驶场景数据存储规范》，规定了驾驶场景原始数据的车内存储方式和数据存储格式，数据后台存储格式等内容。

《智能网联汽车驾驶场景数据传输规范》主要规定了根据驾驶场景原始数据的存储方式从线下到线上或数据库的数据传输方法，同时也可以限定数据库的输入输出接口和输出存储格式等。

《智能网联汽车驾驶场景数据清洗规范》明确规定了针对驾驶场景采集的原始数据须进行数据有效性验证及清洗方法和要求、数据精准性验证及清洗方法和要求、数据完善性验证及清洗方法和要求、数据一致性验证及清洗方法和要求。

《智能网联汽车驾驶场景数据处理规范》规定根据驾驶场景分类和定义规范对驾驶场景数据进行数据处理，形成功能场景和逻辑场景，并进一步指导测试用例的提取方法。

《智能网联汽车驾驶场景测试用例提取规范》结合驾驶场景定义和分类规范，对数据处理后得到的逻辑场景进行危险性、边角场景等数据提取得到测试用例，为智能网联汽车场景库的建设和仿真测试场景的选择提供支撑。

《智能网联汽车驾驶场景测试用例存储规范》规定，测试用例提取后应规定测试用例的存储格式，尤其是应该使用简洁便利的工具及语言对测试用例进行描述和存储，更便于针对此种格式进行虚拟场景的自动搭建。

《智能网联汽车虚拟场景搭建规范》提及，根据测试用例的存储格式，规定虚拟场景搭建平台或软件的接口格式，实现虚拟场景的自动搭建。

《智能网联汽车驾驶场景数据标注规范》《智能网联汽车驾驶场景数据标注工具链规范》提及，采集到的自然驾驶数据（包含图片数据、视频数据、毫米波雷达数据、激光雷达数据等）需要进行标注，明确规定了用于智能网联汽车开发的数据标注规范和标注工具链开发要求等。

智能网联汽车应用类规范包含各个级别的自动驾驶测试评价规范、虚拟仿真测试流程规范、虚拟场景库建设规范等，指导企业进行自动驾驶测试和评价工作。

岗位任务一 收集补充数据采集与数据应用的相关标准与规范

本任务为收集补充国内外数据采集与数据应用的相关标准与规范。

1. 国外数据采集与数据应用的相关标准与规范

2017年8月，德国联邦议会通过《设立机动车道路和其他联邦公路基础设施公司的法律》，创设了一家基础设施公司，联邦交通和数字基础设施部将自己承担的对联邦道路进行规划、建设、运营、维护、出资和资产管理的联邦任务委托给这家私法上的公司（即公司化运营的国有企业）。

2021年7月，德国联邦议会通过《修订道路交通法和强制保险法的法律——自动驾驶法》，其中有专节规范数据处理，而这个部分的第一条就要求，具备自动驾驶功能的汽车的所有权人保存汽车的状态数据和行驶数据，并传送给交通基础设施公司。

2. 国内数据采集与数据应用的相关标准与规范

2021年8月16日，国家互联网信息办公室、国家发展和改革委员会、工业和信息化部、公安部、交通运输部等部门联合发布了《汽车数据安全管理若干规定（试行）》，明确了汽车数据的范围、类型、生命周期环境和处理原则，对个人信息和重要数据提出了安全要求，为解决问题提供了指导性文件基础。

2021年10月8日，全国信息安全标准化技术委员会发布了《汽车采集数据处理安全指南》技术文件，规定了对汽车采集数据进行传输、存储和出境等处理活动的安全要求。

反思与总结

1）目前国内外又新增了哪些标准与规范？

2）与之前的标准与规范相比，新增的标准与规范有哪些不同？请具体地进行描述。

一、判断题

1. 智能网联汽车自动驾驶汽车需要在真实或者虚拟环境中至少进行110亿km的里程测试，才能证明智能网联汽车自动驾驶系统比驾驶人更可靠。（　　）

2. 在智能网联汽车中，传感器融合是融合来自多个传感器数据的过程。（　　）

3. 场景采集、算法开发、产品验证等对智能网联汽车驾驶场景的需求是相同的。
（　　）

二、填空题

1. 驾驶场景相关规范体系涉及（　　）、（　　）、（　　）、（　　）四个大类。

2. 按抽象级别的传感器融合可分为（　　）、（　　）、（　　）。

3. 测试场景数据来源一般包括（　　）、（　　）、（　　）、（　　）。

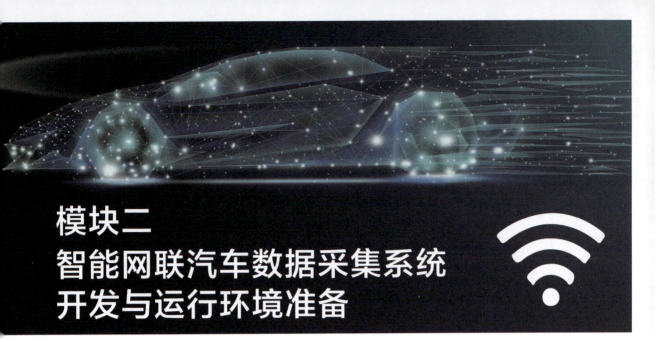

模块二
智能网联汽车数据采集系统开发与运行环境准备

学习目标

知识目标

- 能列举 Ubuntu 的特点。
- 能描述 Ubuntu 诞生与发展历史。
- 能描述 Ubuntu 的版本划分。
- 能熟练运用 Ubuntu 的常用命令。
- 能列举 ROS 的特点。
- 能描述 ROS 的分级。

技能目标

- 能安装和使用 Ubuntu 软件。
- 能安装和使用 ROS 软件。

素质目标

- 养成查阅资料、勤于思考、联系实际的习惯,增强学习能力。
- 通过了解 Ubuntu 和 ROS 在智能网联汽车数据采集中的主要作用,加深对自动驾驶命令的了解。

一、Ubuntu 系统

1. 概述

Ubuntu 是一个以桌面应用为主的 Linux 操作系统。Ubuntu 基于 Debian 发行版和 GNOME 桌面环境,而从 11.04 版起,Ubuntu 发行版放弃了 GNOME 桌面环境,改为 Unity。从前人们认为 Linux 操作系统难以安装、难以使用,在 Ubuntu 出现后这些都成为了历史。Ubuntu 拥有庞大的社区力量,用户可以方便地从社区获得帮助。自 Ubuntu 18.04 LTS 起,Ubuntu 发行版又重新开始使用 GNOME3 桌面环境。

作为 Linux 发行版中的后起之秀,Ubuntu 在短短几年时间里便迅速成长为从 Linux 初学者到实验室用计算机/服务器都适合使用的发行版。由于 Ubuntu 是开放源代码的自由软件,用户可以登录 Ubuntu 的官方网站免费下载该软件的安装包。

2. 诞生与定位

Ubuntu Linux 是由南非人马克·沙特尔沃思(Mark Shuttleworth)创办的基于 Debian Linux 的操作系统,于 2004 年 10 月公布 Ubuntu 的第一个版本——Ubuntu 4.10(代号 Warty Warthog)。Ubuntu 适用于笔记本计算机、桌面计算机和服务器,特别是为桌面用户提供尽善尽美的使用体验。Ubuntu 几乎包含了所有常用的应用软件:文字处理、电子邮件、软件开发工具和 Web 服务等。用户下载、使用、分享 Ubuntu 系统,以及获得技术支持与服务,无须支付任何许可费用。

Ubuntu 提供了一个健壮、功能丰富的计算环境,既适合家庭使用,又适用于商业环境。Ubuntu 社区承诺每 6 个月发布一个新版本,以提供最新、最强大的软件。

Ubuntu 精神与软件开源精神不谋而合。作为基于 Linux 的操作系统,Ubuntu 试图将这种精神延伸到计算机世界,"软件应当被分享,并能够为任何需要的人所获得。"Ubuntu 的目标是让世界上的每个人都能得到一个易于使用的 Linux 版本,不论他所处的地理位置和身体状况。

3. 特点

Ubuntu 在桌面办公、服务器方面有着不俗的表现，总能够将最新的应用特性包括其中，主要包括以下 14 个方面：

1）桌面系统使用最新的 GNOME、KDE、Xfce 等桌面环境组件。

2）集成搜索工具 Tracker，为用户提供方便、智能的桌面资源搜索。

3）抛弃繁琐的 X 桌面配置流程，可以轻松使用图形化界面完成复杂的配置。

4）集成最新的 Compiz 稳定版本，让用户体验酷炫的 3D 桌面。

5）"语言选择"程序提供了常用语言支持的安装功能，让用户可以在系统安装后，方便地安装多语言支持软件包。

6）提供了全套多媒体应用软件工具，包括处理音频、视频、图形、图像的工具。

7）集成了 Libreoffice 办公套件，帮助用户完成文字处理、电子表格、幻灯片播放等日常办公任务。

8）含有辅助功能，为残障人士提供辅助服务，例如，为存在弱视力的用户提供屏显键盘，能够支持 Windows NTFS 分区的读/写操作，使 Windows 资源完全共享成为可能。

9）支持蓝牙（Bluetooth）输入设备，如蓝牙鼠标、蓝牙键盘。

10）拥有成熟的网络应用工具，从网络配置工具到 Firefox 网页浏览器、Gaim 即时聊天工具、电子邮件工具、BT 下载工具等。

11）加入更多的打印机驱动，包括对惠普一体机（打印机、扫描仪集成）的支持。

12）加强对笔记本计算机的支持，包括系统热键以及更多型号笔记本计算机的休眠与唤醒功能。

13）与著名的开源软件项目 LTSP 合作，内置了 Linux 终端服务器功能，提供对以瘦客户机（Thin Client）作为图形终端的支持，大大提高老式个人计算机的利用率。

14）Ubuntu 20.04 LTS 提供对配备指纹识别功能的笔记本计算机的支持，可录制指纹和进行登录认证。

4. Ubuntu 社区

Ubuntu 社区为其使用者提供了多种学习、交流、切磋和讨论方式，如论坛、星球、维基及 IRC 即时通信等。通过 Ubuntu 庞大的社区组织，Ubuntu 用户可以获得很多帮助和支持，使得 Ubuntu 用起来更加得心应手。

5. Ubuntu 版本

Ubuntu 官方网站提供了丰富的 Ubuntu 版本及衍生版本，有以下两种分类方式。

根据中央处理器架构划分，Ubuntu16.04 支持 i386 32 位系列、AMD 64 位 X86 系列、ARM 系列及 PowerPC 系列处理器。由于不同的 CPU 实现的技术不同，体系架构各异，所以 Ubuntu 会编译出支持不同中央处理器类型的发行版本。

根据 Ubuntu 发行版本的用途来划分，可分为 Ubuntu 桌面版（Ubuntu Desktop）、Ubuntu 服务器版（Ubuntu Server）、Ubuntu 云操作系统（Ubuntu Cloud）和 Ubuntu 移动设备系统（Ubuntu Touch）。Ubuntu 已经形成一个比较完整的解决方案，涵盖了 IT 产品的方方面面。

岗位任务二 Ubuntu 的安装与使用

1. Ubuntu 系统的安装

（1）获取 Ubuntu 镜像

http://releases.ubuntu.com/xenial/

本书采用 Ubuntu16.04.7-desktop-amd64.iso 版本，如图 2-1 所示。

图 2-1　采用版本

（2）制作 Ubuntu 的 U 盘启动盘

1）下载并安装 UltraISO 软件。

```
https://cn.ultraiso.net/xiazai.html
```

2）打开 UltraISO，选择"文件"中的"打开"，选中下载好的 Ubuntu 镜像文件 ubuntu-16.04.1-desktop-amd64.iso，如图 2-2 所示。

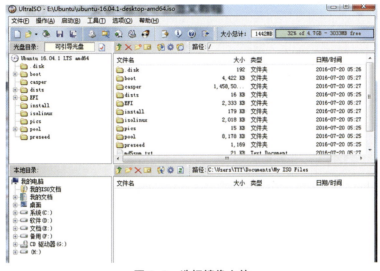

图 2-2　选择镜像文件

3）单击"启动"→"写入硬盘映像"，如图 2-3 所示。

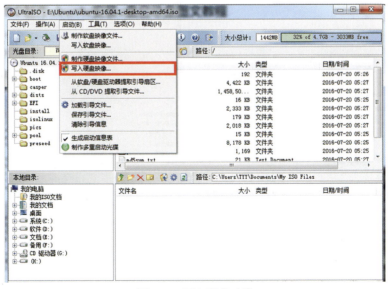

图 2-3　写入硬盘映像

4)写入方式选择"USB-HDD+"或者"USB-HDD"均可,如图2-4所示。

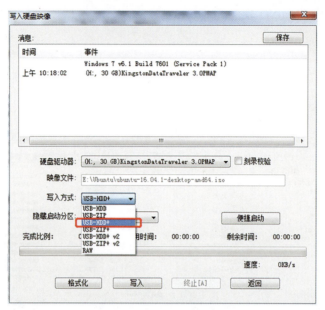

图2-4 写入方式选择

5)单击"便捷启动"→"写入新的驱动器引导扇区"→"Syslinux",然后单击"写入",如图2-5所示。

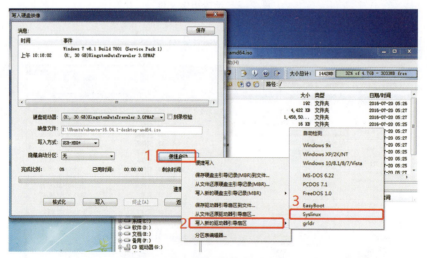

图2-5 写入新的驱动器引导扇区

6)进入图2-6所示界面,单击"是"。

7)完成后单击"确定",如图2-7所示。

8)单击"写入",单击"是",如图2-8所示。

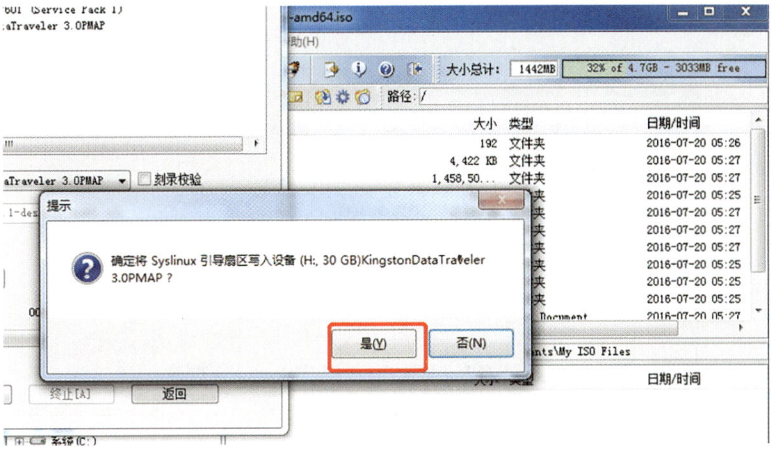

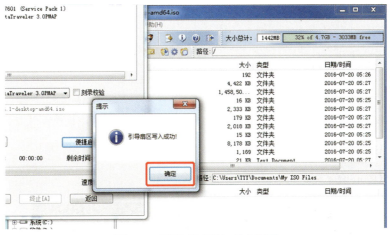

图 2-6　将 Syslinux 引导扇区写入设备的确定界面

图 2-7　引导扇区写入成功界面

图 2-8　警告界面

9)成功后,会有"刻录成功!"信息,如图 2-9 所示。

图 2-9 "刻录成功"打印信息界面

(3)安装 Ubuntu 系统

1)选择 U 盘启动方式。

2)进入 Ubuntu 安装界面,如图 2-10 所示。

图 2-10 Ubuntu 安装界面

3)选择语言环境,如果选择中文,则系统显示字体会对应变成中文,单击"安装 Ubuntu",进入下一步。

4)安装时,可以不勾选第一项,以提高安装速度,如图 2-11 所示。

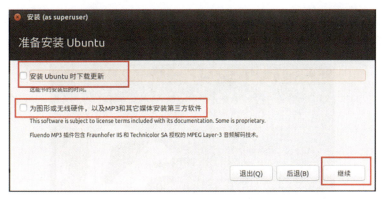

图 2-11　安装提示界面

5)清理磁盘并安装 Ubuntu,进入下一步,如图 2-12 所示。

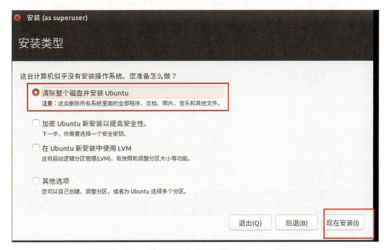

图 2-12　清理磁盘并安装 Ubuntu 界面

6)选择默认分区模式即可,将改动写入磁盘,如图 2-13 所示。

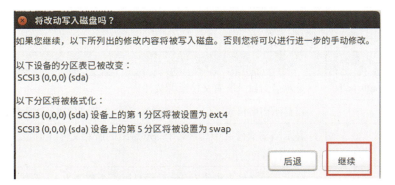

图 2-13　将改动写入磁盘界面

7)自行设置时区。

8)设置登录账号和密码。

9)安装结束,等待重新启动,如图 2-14 所示。

图 2-14　等待重新启动界面

2. Ubuntu 系统的应用

(1)显示当前路径

```
pwd
```

(2)跳转目录命令

命令	含义
cd	切换到当前用户的主目录(/home/ 用户目录)
cd ~	
cd .	切换到当前目录
cd ..	切换到上级目录

(3)显示当前目录所有文件夹或文件

命令举例	含义
ls -h/ls -l/ls -a/ls -alh	显示当前目录所有文件或者文件夹
ls *.py	仅显示当前目录下以 .py 结尾的文件,* 可以代表长度无限的数值或符号
ls ?.py	显示当前文件夹中名字带有 .py 后缀的所有文件,但是,只能代表一个数值或符号
ls 1[1-6]5.py	显示当前文件夹中带有 .py 后缀且第一个数值为 1,第二个数值为 1 到 6 的数字,第三个数值为 5 的所有文件

（4）创建名为 file 的空文件

```
touch file
```

（5）打开名为 file 的文件并将文件中内容显示在终端

```
cat file
```

（6）打开名为 file 的文件并进行编辑

```
gedit file
```

（7）创建新的目录 path2

```
mkdir -p /path1/path2
```

其中，–p 是递归创建目录。

（8）删除目录 /path1

```
rm -r /path1
```

其中，–r 参数是指当目录中有文件的时候，先删除文件，再删除目录。

（9）删除文件 file

```
rm /file
```

（10）搜索命令

命令举例	含义
grep –n "^a" 1.txt	行首，搜寻以 m 开头的行
grep –n "ke$" 1.txt	行尾，搜寻以 ke 结束的行
grep –n "[Ss]igna[Ll]" 1.txt	匹配 [ ] 中一系列字符中的一个；搜寻匹配单词 signal、signaL、Signal、SignaL 的行
grep –n "e.e" 1.txt	（点）匹配一个非换行符的字符；匹配 e 和 e 之间有任意一个字符，可以匹配 eee、eae、eve，但是不匹配 ee、eaae

3. 反思与总结

1）Ubuntu 系统的安装完成情况：

2)在安装使用过程中遇到的问题：

3)是如何来解决这些问题的：

二、ROS

1. ROS 概述

硬件技术的飞速发展在促进机器人领域快速发展和复杂化的同时，也对机器人系统的软件开发提出了巨大挑战。机器人平台与硬件设备越来越丰富，致使软件代码的复用性和模块化需求越发强烈，而已有的机器人系统又不能很好地适应需求。相比硬件开发，软件开发明显力不从心。为迎接机器人软件开发面临的巨大挑战，全球各地的开发者与研究机构纷纷投入机器人通用软件框架的研发工作当中。在近几年里，产生了多种优秀的机器人软件框架，为软件开发工作提供了极大的便利，其中最为优秀的软件框架之一就是机器人操作系统（Robot Operating System，ROS）。

伴随机器人领域的快速发展和功能复杂化，对机器人控制代码的复用性和模块化的需求越来越强烈，而已有的开源机器人系统并不能很好地适应需求。ROS 起源于 2007 年斯坦福大学人工智能实验室与机器人技术公司 Willow Garage 的个人机器人项目（Personal Robots Program）之间的合作，2008 年之后由 Willow Garage 公司全面接管并进行迭代开发和维护。

2010 年，Willow Garage 公司发布了开源 ROS，很快就在机器人研究领域推动起学习和使用 ROS 的热潮。ROS 是开源的，是在机器人系统之上的一种后操作系统（或者次级操作系统）。它提供类似操作系统所提供的功能，包含硬件抽象描述、底层驱动程序管理、共用功能的执行、程序之间的消息传递、程序发行包管理等；同时，它也提供一些工具和程序库用于获取、建立、编写和运行多机整合的应用。

2. ROS 特点

ROS 提供了一种发布和订阅的通信框架，实现简便快速地搭建分布式计算系统；提供了大量简洁的工具，实现计算系统的配置、启动、调试、可视化、测试；具备定位、控制、规划、决策等功能开发资源；提供了一个强大的技术支持社区；支持若干种类型的通信，包括基于服务的同步 RPC（远程过程调用）通信、基于 Topic 的异步数据流通信，还包括参数服务器上的数据存储，但是 ROS 本身不具备实时性。

ROS 的主要特点如下：

（1）点对点设计

ROS 包括一系列进程，这些进程存在于多个不同的主机并且在运行过程中通过端对端的拓扑结构进行联系。虽然一些基于中心服务器的软件框架也具备多进程和多主机的优势，但是在这些框架中，当各主机通过不同的网络进行连接时，中心服务器就会发生问题。图 2-15 为 ROS 的点对点设计示例。

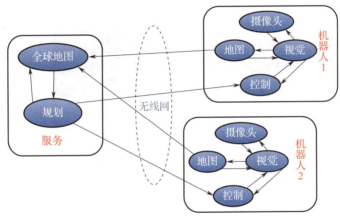

图 2-15　ROS 的点对点设计示例

ROS 的点对点设计以及服务和节点管理器等机制可以分散由计算机视觉和语音识别等功能带来的实时计算压力，适应大多数机器人遇到的计算挑战。

（2）多语言支持

在写代码的时候，大多数编程者会偏好某些编程语言。这些偏好是个人在每种语言所花的编程时间、达到的调试效果、对编程语言语法的适应、可接受的程序执行效率以及各种技术和文化的原因导致的结果。为了解决这些问题，ROS 被设计成语言中立性的框架结构。ROS 支持许多种不同的语言，例如 C++、Python、Octave 和 LISP，也包含其他语言的多种接口实现，如图 2-16 所示。ROS 的特殊性主要体现在消息通信层，其利用 XML-RPC 机制实现端对端的连接和配置。XML-RPC 也实现了大多数主流编程语言的合规描述。ROS 的开发者希望它能够适配各种编程的语法约定，而不是仅仅基于 C 语言去给各种其他编程语言提供实现接口。然而，在某些情况下，可以利用已经存在的库，封装后支持更多新的编程语言。

为了支持交叉语言,ROS 利用简单的、语言无关的接口定义语言去描述模块之间的消息传送。接口定义语言使用简短的文本去描述每条消息的结构,也允许消息的合成。每种编程语言的代码产生器都会产生类似本编程语言的目标文件,在消息传递和接收的过程中通过 ROS 实现自动连续并行运行。

其好处是,ROS 的消息处理系统完全与编程语言无关,可支持多种编程语言自由结合与适配使用。

图 2-16　多种编程语言支持 ROS 开发

(3)精简与集成

ROS 中所有的驱动和算法均为与 ROS 没有依赖性的、单独的库;ROS 具有模块化特点,各模块中的代码可以单独编译,且编译使用的 CMake 工具使其很容易地实现精简的理念。

ROS 将复杂的代码实现封装在各个库中,并创建了一些短小精干的应用程序以显示 ROS 库的功能,如图 2-17 所示。一方面,允许对 ROS 的代码进行简单移植并复用于任何新系统中;另一方面,对代码的单元测试也变得较为容易,一个独立的单元测试程序可以测试代码库中很多的特性。

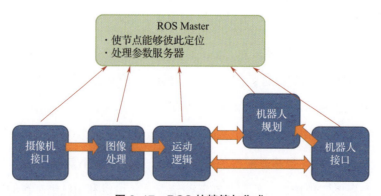

图 2-17　ROS 的精简与集成

（4）工具包丰富

为了管理复杂的 ROS 软件框架，开发者利用大量的小工具去编译和运行多种多样的 ROS 组建，以维持一个精简的内核，避免去构建一个庞大的开发和运行环境。

小工具的主要作用是组织源代码的结构、获取和设置配置参数、图形化端对端的拓扑连接、测量频带使用宽度、及时描绘信息数据、自动生成文档等。ROS 开发者的目标是把所有的代码模块化，因为损失效率的重要性远远低于系统的稳定性和管理的复杂性。

（5）免费开源

ROS 所有的源代码都是公开发布的，这也是当今 ROS 在机器人和自动驾驶领域广泛应用的主要原因，活跃的开发者会在软件各层次进行调试并不断改正错误。ROS 的开源遵循 BSD 许可，开发者可以根据自身系统设计需要，进行二次开发，也就是说允许各种商业和非商业的工程基于 ROS 进行开发。

ROS 通过内置的通信系统进行数据的传递，不强制要求所有模块在相同可执行层面上相互连接。因此，利用 ROS 构建的系统可以较为自由地使用大量其他组件，个别模块甚至可以包含被各种协议保护的软件，这些协议包含从 GPL 到 BSD。

3. ROS 总体框架

ROS 主要可分为三个级别：计算图级、文件系统级、社区级。

（1）计算图级

计算图级是 ROS 处理数据的一种点对点的网络形式。程序运行时，所有进程以及它们所进行的数据处理，都将通过一种点对点的网络形式表现出来。这一级主要包括几个重要概念：节点（node）、消息（message）、主题（topic）、服务（service）。图 2-18 所示为 ROS 的计算图级。

图 2-18　ROS 的计算图级

1）节点。节点是一些执行运算任务的进程。ROS 利用规模可增长的方式使代码模块化：一个典型系统由许多节点组成。在这里，节点也叫作软件模块。节点的叫法使得基于 ROS 的系统在运行时更加形象化：当许多节点同时运行时，可以方便地将端对端的通信绘制成一个图表，在这个图表中，进程就是途中的节点，而端对端的连接关系由其中的弧线连接表现。

2）消息。节点之间通过传送消息进行通信，如图 2-19 所示，每一个消息都是一个严格的数据结构。

图 2-19　ROS 的消息

3）主题。消息以一种发布或订阅的方式传递。一个节点可以在一个给定的主题中发布消息。一个节点针对某个主题关注与订阅特定类型的数据，可能同时有多个节点发布或者订阅同一个主题。

4）服务。在 ROS 中，一项服务用一个字符串和一对严格规范的消息定义：一个用于请求，一个用于回应。这类似于 Web 服务器，Web 服务器是由 URI 定义的，同时带有完整定义类型的请求和回复文档。需要注意的是，不像话题，只有一个节点可以以任意独有的名字广播一项服务，只有一项服务可以称为分类象征。例如，任意一个给出的 URI 地址只能有一个 Web 服务器。

在上面概念的基础上，需要有一个控制器可以使所有节点有条不紊地执行，这个控制器被称为 ROS 控制器（ROS Master）。

ROS Master 通过 RPC（Remote Procedure Call，远程过程调用）协议提供登记列表和对其他计算图表的查找。没有控制器，一个节点将无法找到其他节点并交换消息或调用服务。控制节点订阅和发布消息的模型如图 2-20 所示。

（2）文件系统级

ROS 文件系统级主要是指在硬盘上面查看的 ROS 源代码的组织形式，如图 2-21 所示。

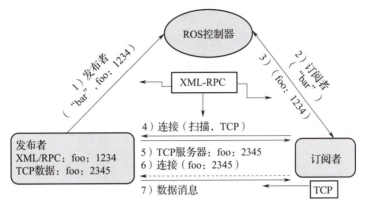

图 2-20　控制节点订阅和发布消息的模型

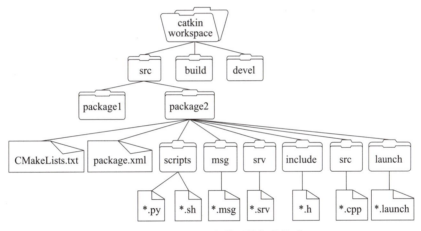

图 2-21　ROS 文件系统级的构成

ROS 中有无数的节点、消息、服务、工具和库文件，需要有效的结构去管理这些代码。ROS 的文件系统级有以下两个重要概念：包（package）、堆（stack）。

1）包。ROS 的软件以包的形式组织。每个包里包含节点、ROS 依赖库、数据套、配置文件、第三方软件或者其他逻辑。ROS 的包如图 2-22 所示，包的目标是提供一种易于使用的结构以便其软件的重复使用。总的来说，ROS 的包短小精干。

图 2-22　ROS 的包

2）堆。堆是包的集合，它提供一个完整的功能，像"navigationstack"是一个 ROS 的堆，里面包含了 ROS 在路径规划、定位、地图、异常行为恢复等方面的包。堆与版本号关联，同时也是如何发行 ROS 软件的关键方式。图 2-23 所示为 ROS 的堆。

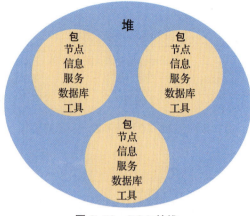

图 2-23 ROS 的堆

（3）社区级

ROS 社区级概念是 ROS 网络上进行代码发布的一种表现形式，构成如图 2-24 所示。

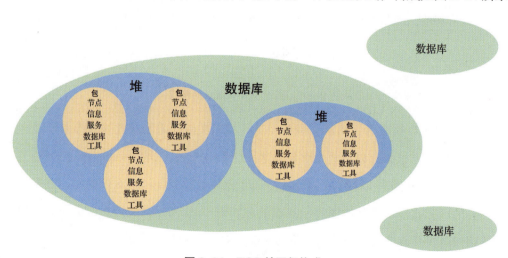

图 2-24 ROS 社区级构成

代码库的联合系统使得协作关系亦能被分发。这种从文件系统级到社区级的设计让 ROS 系统库的独立发展和工作实施成为可能。这种分布式的结构使得 ROS 迅速发展，软件库中包的数量随时间呈指数级增加。

岗位任务三 ROS 的安装与使用

1. ROS 的安装

（1）操作系统与 ROS 的选择

ROS 目前主要支持 Ubuntu 操作系统，同时也可以在 OSX、安卓、Arch、Debian 等系统上运行。随着近几年嵌入式系统的快速发展，ROS 也针对 ARM 处理器编译了核心库和部分功能包。

ROS 发行版本（ROS distribution）是指 ROS 软件包的版本，其与 Linux 发行版本（如 Ubuntu）的概念类似。推出 ROS 发行版本的目的在于使开发人员可以使用相对稳定的代码库，直到其准备好将所有内容进行版本升级为止。因此，每个发行版本推出后，ROS 开发者通常仅对这一版本的漏洞进行修复，同时提供少量针对核心软件包的改进。版本按照英文字母顺序命名。ROS 目前已经发布了 ROS1 的终极版本 noetic，并建议后期过渡至 ROS2 版本。noetic 版本之前默认使用的是 Python2，noetic 支持 Python3。建议选择版本 noetic、melodic 或 kinetic。图 2-25 是 ROS 所有发布版本的相关信息。

Distro	Release date	Poster	*Tuturtle*, turtle in tutorial	EOL date
ROS Noetic Ninjemys (Recommended)	May 23rd, 2020			May, 2025 (Focal EOL)
ROS Melodic Morenia	May 23rd, 2018			May, 2023 (Bionic EOL)
ROS Lunar Loggerhead	May 23rd, 2017			May, 2019
ROS Kinetic Kame	May 23rd, 2016			April, 2021 (Xenial EOL)
ROS Jade Turtle	May 23rd, 2015			May, 2017
ROS Indigo Igloo	July 22nd, 2014			April, 2019 (Trusty EOL)
ROS Hydro Medusa	September 4th, 2013			May, 2015
ROS Groovy Galapagos	December 31, 2012			July, 2014
ROS Fuerte Turtle	April 23, 2012			--
ROS Electric Emys	August 30, 2011			
ROS Diamondback	March 2, 2011			
ROS C Turtle	August 2, 2010			
ROS Box Turtle	March 2, 2010			

图 2-25　ROS 所有发布版本的相关信息

ROS 的安装方法主要有两种：软件源安装和源码编译安装。软件源（Repository）为系统提供了一个庞大的应用程序仓库，只要通过简单的命令即可从仓库中找到需要的软件并完成下载安装。相反，源码编译安装的方法相对复杂，需要手动解决繁杂的软件依赖关系，更适合那些对系统比较熟悉而且希望在未支持的平台上安装 ROS 的开发者。

（2）配置系统软件源

配置 Ubuntu 的软件和更新，允许安装不经认证的软件。

首先打开"软件和更新"对话框，具体单击 Ubuntu 搜索按钮进行搜索。

然后按照图 2-26 所示进行配置（确保勾选"restricted""universe""multiverse"）。

图 2-26　配置系统源

（3）设置安装源

官方默认安装源：

```
sudo sh -c 'echo "deb http://packages.ros.org/ros/Ubuntu $(lsb_release -sc) main" > /etc/apt/sources.list.d/ros-latest.list'
```

或来自清华大学的安装源：

```
sudo sh -c '. /etc/lsb-release && echo "deb http://mirrors.tuna.tsinghua.edu.cn/ros/Ubuntu/ `lsb_release -cs` main" > /etc/apt/sources.list.d/ros-latest.list'
```

或来自中国科学技术大学的安装源：

```
sudo sh -c '. /etc/lsb-release && echo "deb http://mirrors.ustc.edu.cn/
ros/Ubuntu/ `lsb_release -cs` main" > /etc/apt/sources.list.d/ros-latest.
list'
```

注意：

1）按 Enter 键后，可能需要输入管理员密码。

2）建议使用国内资源，安装速度更快。

（4）设置 key

```
sudo apt-key adv --keyserver 'hkp://keyserver.Ubuntu.com:80' --recv-key
C1CF6E31E6BADE8868B172B4F42ED6FBAB17C654
```

（5）安装

首先需要更新 apt（以前是 apt-get，官方建议使用 apt 而非 apt-get），apt 是用于从互联网仓库搜索、安装、升级、卸载软件或操作系统的工具。

```
sudo apt update
```

在 ROS 中，有很多不同的库和工具，通常提供四种默认的配置，也可以单独安装 ROS 包。

推荐安装 kinetic 桌面完整版：包含 ROS、rqt、rviz、机器人通用库、2D/3D 模拟器、导航以及 2D/3D 感知。

```
sudo apt-get install ros-kinetic-desktop-full
```

（6）初始化 rosdep

在开始使用 ROS 之前，还需要初始化 rosdep。rosdep 可以在需要编译某些源码的时候为其安装一些系统依赖，同时也是某些 ROS 核心功能组件所必需的工具。

```
sudo rosdep init
rosdep update
```

（7）配置环境变量

配置环境变量，方便在任意终端中使用 ROS。

```
echo "source /opt/ros/noetic/setup.bash" >> ~/.bashrc
source ~/.bashrc
```

如果安装有多个 ROS 版本，~/.bashrc 必须只能加载当前使用版本所对应的 setup.bash。

如果只想改变当前终端下的环境变量，可以执行以下命令：

```
source /opt/ros/kinetic/setup.bash
```

如果需要卸载 ROS，可以调用以下命令：

```
sudo apt remove ros-kinetic-*
```

注意：在 ROS 版本 noetic 中无须构建软件包的依赖关系，没有 rosdep 的相关安装与配置。

2. ROS 的使用

ROS 安装成功以后，可以运行小海龟程序进行测试。

窗口 1，启动 roscore。

```
roscore
```

```
hzhz@hzhz:~$ roscore
... logging to /home/hzhz/.ros/log/c23a2284-9213-11ec-abb4-c400ad981614/roslaunch-hzhz-3260.log
Checking log directory for disk usage. This may take awhile.
Press Ctrl-C to interrupt
Done checking log file disk usage. Usage is <1GB.

started roslaunch server http://hzhz:46437/
ros_comm version 1.12.17

SUMMARY
========

PARAMETERS
 * /rosdistro: kinetic
 * /rosversion: 1.12.17

NODES

auto-starting new master
process[master]: started with pid [3271]
ROS_MASTER_URI=http://hzhz:11311/

setting /run_id to c23a2284-9213-11ec-abb4-c400ad981614
process[rosout-1]: started with pid [3284]
started core service [/rosout]
```

窗口 2，启动小海龟 node 节点。

```
rosrun turtlesim turtlesim_node
```

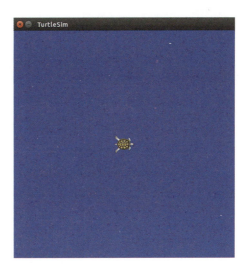

窗口 3，启动键盘控制节点。

```
rosrun turtlesim turtle_teleop_key
```

在该窗口下，控制方向键就可以控制小海龟运动了。

3. 反思与总结

1）ROS 的安装完成情况：

2）在安装使用过程中遇到的问题：

3）是如何来解决这些问题的：

思考与练习

一、判断题

1. Ubuntu 是一个以桌面应用为主的 Linux 操作系统。（   ）
2. ROS 提供了一种发布和订阅的通信框架，实现简便快速地搭建集中式计算系统。
（   ）

二、填空题

1. 计算图级是 ROS 处理数据的一种点对点的网络形式。这一级主要包括四个重要概念：（   ）、（   ）、（   ）、（   ）。
2. 一个（   ）可以在一个给定的主题中发布消息。一个节点针对某个主题关注与订阅特定类型的数据，可能同时有多个节点发布或者订阅（   ）。
3. ROS Master 通过（   ）提供登记列表和对其他计算图表的查找。没有控制器，一个节点将无法找到其他节点并交换消息或调用服务。
4. ROS 的安装方法主要有两种：（   ）和（   ）。（   ）为系统提供了一个庞大的应用程序仓库，只要通过简单的命令即可从仓库中找到需要的软件并完成下载安装。
5. 在 ROS 中，一项服务用一个字符串和一对严格规范的消息定义：一个（   ），另一个（   ）。

三、简答题

1. 什么是 Ubuntu 精神？

2. ROS 的主要特点有哪些？

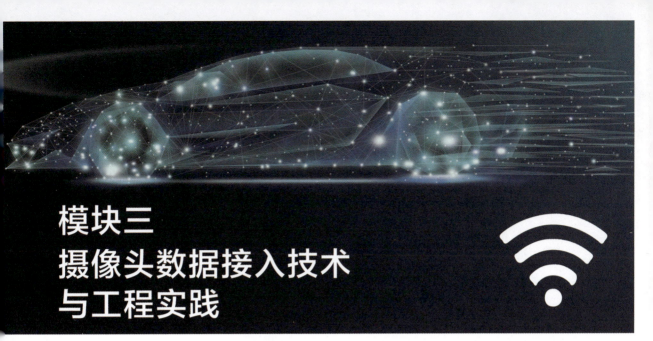

模块三
摄像头数据接入技术与工程实践

学习目标

知识目标

- 熟悉摄像头的结构、类型及其优缺点。
- 熟悉摄像头通信接口与协议。
- 熟悉工业摄像头实践开发的设备。
- 掌握车载摄像头的类型和功能。
- 掌握工业摄像头实践开发技术。

技能目标

- 能熟练运用摄像头数据采集相关专业术语。
- 能描述摄像头在自动驾驶汽车上的运用。
- 能进行工业摄像头的实践开发。

素质目标

- 养成查阅资料、联系实际的习惯,增强学习能力。
- 通过了解我国智能网联汽车中摄像头的数据采集,提升民族自信心。

一、摄像头

摄像头是自动驾驶核心传感器之一，是实现自动驾驶众多规划、控制的基础，与激光雷达和毫米波雷达相比，最大的优势在于可以识别车辆周边的环境信息和纹理信息，能够"看到"目标的类型、信号灯的颜色等，类似于人类的眼睛。

摄像头一般具有视频摄像和静态图像捕捉等基本功能，它借由镜头采集图像（光信号）后，由摄像头内的感光组件电路及控制组件对图像进行处理并转换成计算机所能识别的数字信号，然后借由并行端口或 USB 连接输入到计算机后由软件再进行图像还原。

1. 摄像头的结构

摄像头的主要组件有：镜头组、图像传感器（Image Sensor）、DSP（Digital Signal Processing，数字信号处理）芯片等。镜头组由光学镜片、滤光片和保护膜等组成。图像传感器可以分为两类：CCD 与 CMOS 传感器。

CCD（Charge Coupled Device，电荷耦合器件）可直接将光学信号转换为模拟电流信号，电流信号经过放大和 A/D 转换，实现图像的获取、存储、传输、处理和复现，一般用于摄影摄像方面的高端技术元件。

CMOS（Complementary Metal-Oxide Semiconductor，互补金属氧化物半导体）是计算机内一种重要的芯片，保存了操作系统引导最基本的资料。CMOS 经过加工也可以作为数码摄影中的图像传感器。

CCD 与 CMOS 传感器，两者都是利用光电二极管进行光电转换，将图像转换为数字数据，而其主要差异是数字数据传送的方式不同。CCD 传感器中每一行中每一个像素的电荷数据都会依次传送到下一个像素中，由最底端部分输出，再经由传感器边缘的放大器进行放大输出；而在 CMOS 传感器中，每个像素都会邻接一个放大器及 A/D 转换电路，以类似内存电路的方式输出数据。

DSP 芯片是一种具有特殊结构的微处理器。DSP 的功能主要是通过一系列复杂的数学算法运算，对由 CMOS 传感器来的数字图像信号进行优化处理，并把处理后的信号通过 USB 等接口传到计算机，是摄像头的核心设备。

2. 摄像头的类型

摄像头有单目摄像头、双目摄像头和多目摄像头。单目摄像头由单个摄像头组成，利用摄像头采集车辆前方路况信息，并依靠数据库中保存的物体标志性特征轮廓识别前方物体，如图 3-1a 所示，从而依靠独立的算法计算出物体与车辆的距离和接近速率。单目摄像头的优点是成本低廉，能够识别具体障碍物的种类，识别准确；缺点是由于其识别原理导致其无法识别没有明显轮廓的障碍物，工作准确率与外部光线条件有关，并且受限于数据库，没有自学习功能。双目摄像头由两个摄像头组成，可以通过视频接收信号计算出汽车与其他物体之间的距离，如图 3-1b 所示。双目摄像头优点是功能较单目摄像头更强大，探测距离更准确，探测距离更远；缺点是成本高于单目摄像头。多目摄像头由三个或以上摄像头组成，是不同焦距摄像头的集合，可以频繁变焦，提高不同距离的识别清晰度。

a）单目摄像头　　　　　　　　　b）双目摄像头

图 3-1　车载摄像头

摄像头有红外摄像头和普通摄像头，红外摄像头既适合在白天工作，也适合在黑夜工作；普通摄像头只适合在白天工作，不适合在黑夜工作。目前智能网联汽车使用的主要是红外摄像头。

3. 摄像头的功能

摄像头的功能应用可分为行车辅助类、驻车辅助类与车内驾驶人监控三大部分。摄像头的安装位置可在前视、侧视、后视和内置四个部分，见表 3-1。下面以行车辅助类、驻车辅助类、车内驾驶人监控为例进行说明。

表 3-1 车载摄像头的类型和功能

功能	摄像头类型	功能简介
车道偏离预警（LDW）	前视	当前视摄像头检测到车辆即将偏离车道时，会发出警报
前向碰撞预警（FCW）	前视	当前摄像头检测到与前车距离过近，可能发生追尾时，会发出警报
车道保持辅助（LKA）	前视	当前视摄像头检测到车辆即将偏离车道线时，会向控制中心发出指令，及时纠正行驶方向
行人碰撞预警（PCW）	前视	前摄像头会标记前方道路行人，并在可能发生碰撞时及时发出警报
交通标志识别（TSR）	前视	识别前方道路两侧的交通标志
盲区监测（BSD）	侧视	利用侧视摄像头，将后视镜盲区内的影像显示在驾驶舱内
泊车辅助（PA）	后视	泊车时将车尾的影像显示在驾驶舱内，预测并标记倒车轨迹，辅助驾驶人泊车
驾驶人注意力监测（DM）	内置	安装在车内，用于检测驾驶人是否疲劳、闭眼等
360° 环视（AVM）	前/侧/后	利用车辆前后左右的摄像头获取的影像，通过图像拼接技术，输出车辆周边全景图

（1）行车辅助类

行车辅助类摄像头的功能包括行车记录仪、车道偏离预警、盲区监测及交通标志识别等。

1）智能前视（单目/双目/多目）：动态物体检测（车辆、行人）、静态物体检测（交通信号灯、交通标志、车道线等）和通行空间划分等，如图 3-2a 所示。

2）侧视辅助（广角）：用于行车过程中监测后视镜盲区内的动态目标，如图 3-2b 所示。

3）夜视辅助：用于夜间或其他光线较差的情况下更好地实现目标物体的检测，如图 3-2c 所示。

a）智能前视　　b）侧视辅助　　c）夜视辅助

图 3-2　行车辅助类摄像头

（2）驻车辅助类

360°环视（广角）主要用于低速近距离感知，系统同时采集车辆四周的影像，经过图像处理单元畸变还原→视角转化→图像拼接→图像增强，最终形成一幅车辆四周无缝隙的360°全景俯视图，如图3-3所示。

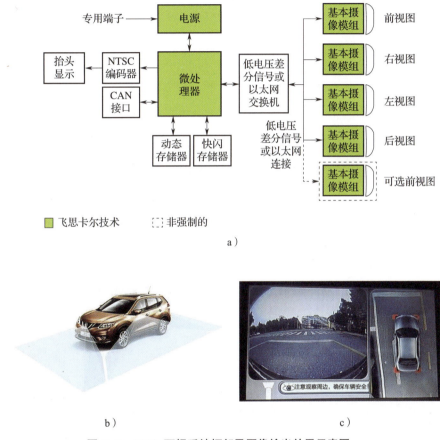

图3-3 360°环视系统框架及图像输出效果示意图

（3）车内驾驶人监控（疲劳检测）

车内驾驶人监控主要针对驾驶人的疲劳、分神、不规范驾驶等危险情况进行一层或多层预警，要求在全部工况环境下（包含暗光、夜晚、逆光等）工作，且不受驾驶人衣着影响。

驾驶人监控系统的视觉算法基于深度学习，以伟世通旗下的AllGoEmbedded系统为例，其驾驶人监控系统的基本流程是人脸检测→头部特征识别→眨眼检测→眼神检测，如图3-4所示。

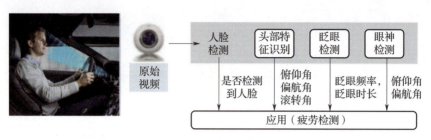

图 3-4　驾驶人疲劳检测

二、摄像头通信接口与协议

1. 摄像头通信接口

摄像头接口包括长程类接口（如 GMSL、FPD-Link、以太网、USB 等），短程类接口（如 MIPI CSI 2、HiSPI、DVP 接口、自定义 LVDS 等）。

（1）GMSL 接口

GMSL（Gigabit Multimedia Serial Link），是美信推出的一种针对车用的串行传输接口标准，可以支持的最高串行速率为 3.125Gbit/s，支持同轴电缆传输、支持同轴电缆 POC 供电，成对使用，典型的器件如 MAX9291B、MAX9293B、MAX9277、MAX9281 等。

（2）LVDS

LVDS（低电压差分信号）是一种高速串行信号传输电平，具有传输速度快、功耗低、抗干扰能力强、传输距离远、易于匹配等优点，非常适合在 MIPI 输入输出端口使用。在它的基础上有很多通信层标准，例如 FPD-Link。FPD-Link 是高速数字视频接口，主要用来传输视频数据。FPD-Link 是第一次对 LVDS 规范的应用，由于 FPD-Link 是第一次对 LVDS 的成功使用，许多显示工程师用 LVDS 术语来代替 FPD-Link，如图 3-5 所示。

（3）MIPI CSI 2

MIPI CSI 2（Camera Serial Interface）协议是 MIPI（移动行业处理器接口）联盟协议的子协议，专门针对摄像头芯片的接口而设计，应用非常广泛，具有高速、低功耗的特点。

基于 CSI 摄像头数据传输过程使用了数据差分信号对视频中像素值进行传输，同时 CSI 传输接口能够非常灵活地进行精简或者扩展，对于接口较少的应用场景，CSI 接口可以只使用一组差分数据信号线以及一组差分时钟线就能够完成摄像头的数据串行传输过

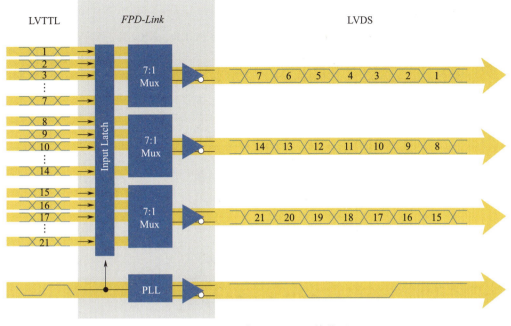

图 3-5 LVDS 与 FPD-Link 的关系

程,这样便减小了负载,同时也能够满足一定的传输速率,而对于大阵列的 CCD 相机,CSI 接口也能够扩展其差分数据线,从而满足多组数据线并行传输的高速要求。

同时,CSI 接口中也集成了摄像头控制接口 CCI(Camera Control Interface),CCI 是一个能够支持 400kHz 传输速率的全双工主从设备通信控制接口,能够兼容现有很多处理器的 IIC 标准接口,因此可以非常方便地实现 SoC 上 CCI Master 模块到 CSI TX 端 CCI Slave 模块的控制,CSI 物理接口框图如图 3-6 所示。

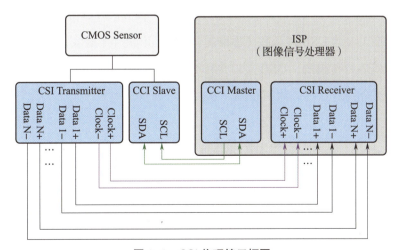

图 3-6 CSI 物理接口框图

（4）DVP 接口

DVP 是并口，其接口示意如图 3-7 所示，需要 PCLK、MCLK、VSYNC、HSYNC、DATA[0：11]（可以是 8/10/12bit 数据）。

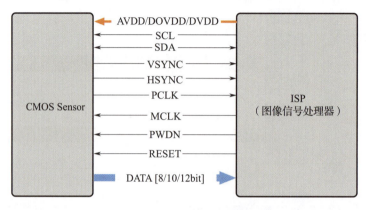

图 3-7　DVP 接口示意图

这种摄像头物理接口所占用的数据线较多，逻辑设计上比较复杂，需要严格同步水平同步信号、垂直同步信号和时钟信号，这对摄像头和接收器都提出了较高的要求。同时，在高速传输的过程中，直接使用数字信号作为数据容易被其他外部信号干扰，不如差分信号稳定，这样也大大限制了其传输速率以及相机实时传输的图像质量。

（5）USB 接口

USB 是串行通用串行总线（Universal Serial Bus）的简称。USB 由英特尔联合多家公司在 1996 年推出，已成功替代串口和并口，已成为当今计算机与大量智能设备的必配接口。USB 摄像头有很多优点，例如，使用方便，支持标准 UVC 协议，串行传输速率高，可以长距离传输（可达 USB 最长距离标准）。USB 接口只有 4 根线，两根电源线、两根信号线，故信号是串行传输的，USB 接口也称为串行口，传输的是差分信号。USB 接口的输出电压和电流分别是：+5V 和 500mA，如图 3-8 所示。

2. 摄像头通信协议

UVC（USB Video Class，USB 视频类），是一种为 USB 视频捕获设备定义的协议标准，是微软公司与另外几家设备厂商联合推出的定义 USB 视频捕获设备的协议标准，已成为 USB 协会标准之一。UVC 是属于 USB 行业规范中的 USB 设备类规范，用于 USB 接口的视频设备的一个统一的数据交换规范。在 UVC 规范中明确要求，具有实际 UVC

功能的视频设备只需要两种接口：一种为 VC Interface（视频控制接口），另一种为 VS Interface（视频流接口）。其中 VC 接口用于对 UVC 设备进行配置操控，而 VS 接口则用于负责传输视频数据流，两者相互配合完成 UVC 设备功能。

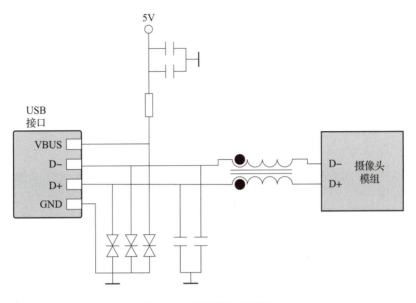

图 3-8　USB 接口示意图

岗位任务四　摄像头数据接入与调试

本课程采用业内常见的一种工业摄像头进行实践开发。

1. 设备参数

设备参数见表 3-2。

表 3-2　设备参数

参数类别	参数说明
感光器件	200 万 1/2.7 CMOS 传感器
像素尺寸	3.0μm × 3.0μm
像素面积	5808μm × 3288μm
分辨率	默认 1920 × 1080
帧速率	MJPG 30 帧 YUY2 约 5 帧

（续）

参数类别	参数说明
曝光时间	33.33ms
信噪比	>39dB
电压功耗	USB 5V，约 100~120mA
设备接口	USB2.0 即插即用；国际标准 UVC 协议，兼容 3.0 接口

2. 硬件清单

硬件清单见表 3-3。

表 3-3　硬件清单

设备名称	实物图	功能说明
摄像头		USB2.0 即插即用；兼容 3.0 接口

3. ROS 环境下调试

在实际使用之前，需要了解该款摄像头的基本参数，比如像素高度、宽度、格式等。其中像素格式目前只支持 yuyv、uyvy、mjpeg、yuvmono10、rgb24、gey。

（1）环境准备

根据所用摄像头参数信息，配置 launch 文件的参数，像素高度、宽度、格式等：

```xml
<launch>
  <node name="usb_cam" pkg="usb_cam" type="usb_cam_node" output="screen" >
    <param name="video_device" value="/dev/video0" />
    <param name="image_width" value="1920" />
    <param name="image_height" value="1080" />
    <param name="pixel_format" value="yuyv" />
    <param name="camera_frame_id" value="usb_cam" />
    <param name="io_method" value="mmap"/>
  </node>
</launch>
```

（2）操作步骤

1）启动 Teminator 智能终端。

2）配置环境变量。

如果之前已经执行过如下配置，可省略这一步，这一步的目的是把"source ~/catkin_ws/devel/setup.bash"这条命令，添加到 .bashrc 文件中，这样每当重新启动一个 shell 窗口时，都会自动执行该命令，从而把本课程所用到的功能包路径配置到 ROS_PACKAGE_PATH 环境变量中。

```
echo "source ~/catkin_ws/devel/setup.bash" >> ~/.bashrc
source ~/.bashrc
```

3）可通过如下命令查询是否配置成功。

```
env |grep ROS_PACKAGE_PATH
```

```
hzhz@hzhz:~$ env |grep ROS_PACKAGE_PATH
ROS_PACKAGE_PATH=/home/hzhz/catkin_ws/src:/opt/ros/kinetic/share
```

4）启动 roscore。

```
roscore
```

```
hzhz@hzhz:~$ roscore
... logging to /home/hzhz/.ros/log/c3cd7e06-76c1-11ec-a37b-c400ad981614/roslaunch-hzhz-2245.log
Checking log directory for disk usage. This may take awhile.
Press Ctrl-C to interrupt
Done checking log file disk usage. Usage is <1GB.

started roslaunch server http://hzhz:33599/
ros_comm version 1.12.17


SUMMARY
========

PARAMETERS
 * /rosdistro: kinetic
 * /rosversion: 1.12.17

NODES

auto-starting new master
process[master]: started with pid [2256]
ROS_MASTER_URI=http://hzhz:11311/

setting /run_id to c3cd7e06-76c1-11ec-a37b-c400ad981614
process[rosout-1]: started with pid [2269]
started core service [/rosout]
```

5）启动摄像头 launch 文件。

```
roslaunch usb_cam usb_cam-test.launch
```

```
hzhz@hzhz:~$ roslaunch usb_cam usb_cam-test.launch
... logging to /home/hzhz/.ros/log/94578e3a-8cda-11ec-bdea-c400ad981614/roslaunch-hzhz-29115.log
Checking log directory for disk usage. This may take awhile.
Press Ctrl-C to interrupt
Done checking log file disk usage. Usage is <1GB.

started roslaunch server http://hzhz:40681/

SUMMARY
========

PARAMETERS
 * /rosdistro: kinetic
 * /rosversion: 1.12.17
 * /usb_cam/camera_frame_id: usb_cam
 * /usb_cam/image_height: 1080
 * /usb_cam/image_width: 1920
 * /usb_cam/io_method: mmap
 * /usb_cam/pixel_format: yuyv
 * /usb_cam/video_device: /dev/video0

NODES
  /
    usb_cam (usb_cam/usb_cam_node)

ROS_MASTER_URI=http://localhost:11311

process[usb_cam-1]: started with pid [29134]
[ INFO] [1644763214.534830577]: using default calibration URL
[ INFO] [1644763214.534872472]: camera calibration URL: file:///home/hzhz/.ros/camera_info/head_camera.yaml
[ INFO] [1644763214.534904289]: Unable to open camera calibration file [/home/hzhz/.ros/camera_info/head_camera.yam
l]
[ WARN] [1644763214.534916439]: Camera calibration file /home/hzhz/.ros/camera_info/head_camera.yaml not found.
[ INFO] [1644763214.534931335]: Starting 'head_camera' (/dev/video0) at 1920x1020 via mmap (yuyv) at 30 FPS
[ WARN] [1644763214.729616399]: sh: 1: v4l2-ctl: not found
[ WARN] [1644763214.733635855]: sh: 1: v4l2-ctl: not found
```

6)查看 topic 消息。

```
rostopic list
```

```
hzhz@hzhz:~$ rostopic list
/rosout
/rosout_agg
/usb_cam/camera_info
/usb_cam/image_raw
/usb_cam/image_raw/compressed
/usb_cam/image_raw/compressed/parameter_descriptions
/usb_cam/image_raw/compressed/parameter_updates
/usb_cam/image_raw/compressedDepth
/usb_cam/image_raw/compressedDepth/parameter_descriptions
/usb_cam/image_raw/compressedDepth/parameter_updates
/usb_cam/image_raw/theora
/usb_cam/image_raw/theora/parameter_descriptions
/usb_cam/image_raw/theora/parameter_updates
```

7)启动 rviz 可视化界面。

```
rviz
```

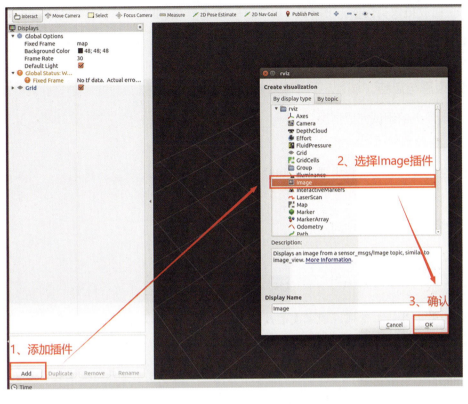

8）选择 topic 显示图像。

9）录制摄像头数据。

```
rosbag record /usb_cam/image_raw -o usb.cam.bag
```

10）回放摄像头数据。

```
rosbag play usb.cam.bag
```

4. 反思与总结

1）摄像头的调试完成情况：

2）在完成任务的过程中遇到的问题：

3）是如何来解决这些问题的：

扩展案例

2017年4月，工信部、国家发展改革委员会、科技部联合发布了《汽车产业中长期发展规划》。该规划提出，到2025年，高度和完全自动驾驶汽车进入市场。如果要实现完全自动驾驶功能，车上至少需要搭载前视、环视、后视、内置等五类摄像头。为了达到更准确的识别效果，每一类摄像头会搭载不同焦段2~3个。有报告显示，L1/2级车主要安装倒车或环视摄像头；L3级还会安装前视摄像头；L4/5级基本会囊括各种类型的摄像头。2016年，特斯拉推出Autopilot Hardware 2.0，在该套方案中配置了8个摄像头传感器，成为其汽车智能化方案中的重要硬件支撑，并对行业形成了一定的示范效应。

2015—2020年，我国车载摄像头市场规模呈现逐年增长的态势。ICVTank预计，到2025年，全球车载摄像头市场规模将从2019年的112亿美元增长至2025年的270亿美元，5年复合年均增长率达15.8%，我国车载摄像头市场规模将从2019年的47亿元增长至2025年的230亿元，5年复合年均增长率为30.3%。

我国从事车载摄像头的企业主要为台湾同致电子、深圳豪恩、厦门辉创、苏州智华等，主要提供后视和环视摄像头，舜宇光学、欧菲光等手机摄像头厂商也已经全面切入车载摄像头模组封装制造中。数据显示，光学镜头厂商欧菲光2020年智能汽车业务实现营业收入5.57亿元，同比增长20.56%，其中增长最快的就是ADAS（高级驾驶辅助系统），实现营业收入1.45亿元，同比增长128.40%，业务占比已达25%。

思考与练习

一、判断题

1. 目前在数据采集时使用的主要是普通高清摄像头。（ ）
2. 摄像头的功能应用可分为行车辅助类、驻车辅助类与车内驾驶人监控三大部分。（ ）
3. UVC 是一种为 DVP 接口视频捕获设备定义的协议标准。（ ）

二、填空题

1. 图像传感器可以分为（   ）与（   ）两类。
2. 摄像头接口包括（   ）与（   ）两类，其中 USB 属于（   ），DVP 属于（   ）。

三、简答题

1. 摄像头的工作原理是什么？

2. 行车辅助类摄像头的功能有哪些？

3. 简述摄像头 ROS 环境下调试的流程。

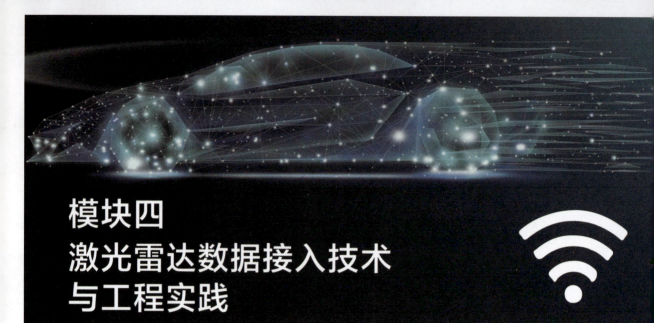

模块四
激光雷达数据接入技术与工程实践

学习目标

知识目标

- 了解激光雷达的工作原理。
- 熟悉激光雷达的类型及其优缺点。
- 熟悉激光雷达通信接口与协议。
- 熟悉16线激光雷达实践开发的设备。
- 掌握激光点云技术。
- 掌握16线激光雷达硬件连接及调试技术。

技能目标

- 能描述激光雷达在自动驾驶汽车中的运用。
- 能熟练运用激光雷达数据采集相关专业术语。
- 能利用设备进行16线激光雷达的调试。

素质目标

- 养成查阅资料、勤于思考、联系实际的习惯,增强学习能力。
- 通过了解我国的激光雷达技术,提升民族自信心。

一、激光雷达

激光雷达（Light Detection and Ranging，LiDAR）又称光学雷达，是一种先进的光学遥感设备。它首先向目标发射一束激光，然后根据接收反射激光的时间间隔确定目标物体的实际距离，同时结合这束激光的反射角度，利用简单的三角函数原理推导出目标的位置信息。由于激光具有能量密度高、方向性好的特点，大多数激光雷达的探测距离可达100m。与传统雷达使用不可见的无线电波不同，激光雷达的探测介质是激光射线，使用的波长集中在 600~1000nm 之间，远低于传统雷达的波长。因为雷达具有波长越短、探测精度越高的特点，故激光雷达可以用于测量物体距离和表面形状，其测量精度可达厘米级。

激光雷达系统一般分为三部分：第一部分是激光发射器，能够发射波长为 600~1000nm 的激光射线；第二部分为扫描光学部件，主要用于收集反射点的距离、发生时间和水平角度；第三部分为感光部件，主要检测返回光的强度。激光雷达检测到的每一个点的信息都包含了空间坐标信息（x, y, z）以及光强度信息 $<i>$。光强度与物体的光反射度直接相关，可以因此根据检测到的光强度对检测物体有初步的判断。激光雷达结构示意如图 4-1 所示。

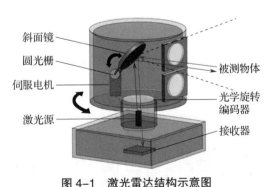

图 4-1 激光雷达结构示意图

激光扫描测量是通过激光扫描器和距离传感器来获取被测目标的表面形态。激光扫描器一般由激光发射器、接收器、时间计数器、微电脑等组成。激光脉冲发射器周期地驱动激光二极管发射激光脉冲，然后由接收透镜接收目标表面后向反射信号，产生接收信号，利用稳定的石英时钟对发射与接收时间差作计数，经由微电脑对测量资料进行内部微处理，显示或存储、输出距离和角度资料，并与距离传感器获取的数据相匹配，最后经过相应系统软件进行一系列处理，获取目标表面三维坐标数据，从而进行各种量算或建立立体模型。

激光雷达通过脉冲激光不断地扫描目标物，可以得到目标物上全部目标点的数据，使用这些数据进行图像处理后，就可以得到精确的三维立体图像，如图4-2所示。

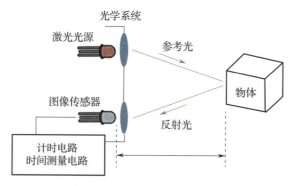

图4-2　激光雷达工作示意图

1. 激光雷达分类

（1）按线束数量分

1）单线束激光雷达。传统的单线束激光雷达已经被广泛应用，例如扫地机器人。单线束激光雷达扫描一次只能产生一条扫描线，可以获取事物的2D信息，但是无法获得高度信息，其生成的只是平面信息。虽说如此，单线束雷达由于测量速度更快有着广泛的应用空间，譬如地形测绘等方面。

2）多线束激光雷达。多线雷达可以获取事物的3D数据。目前应用到自动驾驶中的激光雷达产品主要有4线束、16线束、32线束、40线束以及64线束，功能更加强大的128线束激光雷达也已经亮相，如图4-3所示。

图4-3　128线束激光雷达生成的点云图

（2）按扫描方式分

1）机械旋转式激光雷达。机械旋转式激光雷达的发射和接收模块存在宏观意义上的转动。在竖直方向上排布多组激光线束，发射模块以一定频率发射激光线，通过不断旋转发射头实现动态扫描，如图4-4所示。

图4-4　机械旋转式激光雷达

2）混合固态激光雷达。混合固态激光雷达用"微动"器件来代替宏观机械式扫描器，在微观尺度上实现雷达发射端的激光扫描。旋转幅度和体积的减小，可有效提高系统可靠性，降低成本。包括以下4种：

① MEMS 振镜激光雷达。微机电系统（Micro Electro Mechanical Systems，MEMS），简单说来，就是一套在电与机械之间转换的装置，但在尺寸上远远小于寻常能够看到的机构（尺寸往往只有 0.001~0.1mm）。通过在 MEMS 加入光学组件，可以具备光学上的可操控性，进而可以通过微观层面的动作部件，来实现激光雷达的"固态化"。

MEMS 振镜是一种硅基半导体元器件，属于固态电子元件；它是在硅基芯片上集成了体积十分精巧的微振镜，其核心结构是尺寸很小的悬臂梁——反射镜悬浮在前后左右各一对扭杆之间以一定谐波频率振荡，由旋转的微振镜来反射激光器的光线，从而实现扫描。硅基 MEMS 微振镜可控性好，可实现快速扫描，其等效线束能高达 1~200 线，因此，要同样的点云密度时，硅基 MEMS 激光雷达的激光发射器数量比机械旋转式激光雷达少很多，体积小很多，系统可靠性高很多。

MEMS 振镜激光雷达主要存在的问题有以下 2 点：

一是振镜尺寸问题：远距离探测需要较大的振镜，不但价格贵，对快轴/慢轴负担大，材质的耐久疲劳度存在风险，难以满足车规的设计验证（Design Verification，DV）、产品验证（Production Validation，PV）的可靠性、稳定性、冲击、跌落测试要求。

二是悬臂梁问题：硅基 MEMS 的悬臂梁结构实际非常脆弱，快慢轴同时对微振镜进行反向扭动，外界的振动或冲击极易直接致其断裂。

②旋转扫描镜激光雷达。与机械旋转式激光雷达不同的是，其激光发射模块和接收模块是不动的，只有扫描镜在做机械旋转。激光单元发出激光至旋转扫描镜（Mirror），被偏转向前发射（扫描角度为145°），被物体反射的光经光学系统被左下方的探测器接收。

③楔形棱镜旋转激光雷达。收发模块的脉冲激光二极管（Pulsed Laser Diode，PLD）发射出来的激光通过反射镜和凸透镜变成平行光，扫描模块的两个旋转的棱镜改变光路，使激光从某个角度发射出去。激光打到物体上，反射后从原光路回来，被雪崩光电二极管（Avalanche Photo Diode，APD）接收。

与MEMS振镜激光雷达相比，它可以做到很大的通光孔径，距离也会测得较远。与机械旋转式激光雷达相比，它极大地减少了激光发射和接收的线数，降低了对焦与标定的复杂度，大幅提升生产效率，降低成本。

④二维扫描振镜激光雷达。这类激光雷达的核心元件是两个扫描器——多边形棱镜和垂直扫描振镜，分别负责水平和垂直方向上的扫描。特点是扫描速度快，精度高。例如：一个四面多边形，仅移动8条激光器光束（相当于传统的8线束激光雷达），以5000r/min速度扫描，垂直分辨率为2667条/s，120°水平扫描，在10Hz非隔行扫描下，垂直分辨率达267线。

3）纯固态激光雷达。

①面阵闪光（Flash）激光雷达。Flash激光雷达在激光发射的时候并不具备明确的指向性（部分Flash雷达信号源具备局部指向性），因此其接收传感器的工作方式更接近于摄像头成像的CMOS传感器，也有部分Flash雷达目前已经能实现同时采集距离和色彩数据，在一定程度上可以兼顾摄像头的功能。Flash激光雷达采用类似相机的工作模式，但感光元件与普通相机不同，每个像素点可记录光子飞行时间。由于物体具有三维空间属性，照射到物体不同部位的光具有不同的飞行时间，被焦平面探测器阵列探测，输出为具有深度信息的三维图像。根据激光光源的不同，Flash激光雷达可以分为脉冲式和连续式，脉冲式可实现远距离探测（100m以上），连续式主要用于近距离探测（数十米）。

发射模组：Flash激光雷达采用的是垂直腔面发射激光器（Vertical Cavity Surface Emitting Laser，VCSEL），比其他激光器更小、更轻、更耐用、更快、更易于制造，并且功率效率更高。

接收模组：Flash激光雷达的性能主要取决于焦平面探测器阵列的灵敏度。焦平面探测器阵列可使用 PIN 型光电探测器，在探测器前端加上透镜单元并采用高性能读出电路，可实现短距离探测。对于远距离探测需求，需要使用到雪崩型光电探测器，其探测的灵敏度高，可实现单光子探测，基于 APD 的面阵探测器具有远距离单幅成像、易于小型化等优点。

②光学相控阵（Optical Phased Array，OPA）激光雷达。很多军用激光雷达使用 OPA 技术。OPA 运用相干原理，采用多个光源组成阵列，通过调节发射阵列中每个发射单元的相位差，来控制输出的激光束的方向。OPA 激光雷达完全由电信号控制扫描方向，能够动态地调节扫描角度范围，对目标区域进行全局扫描或者某一区域的局部精细化扫描，一个激光雷达就可能覆盖近、中、远距离的目标探测。

③调频连续波（Frequency Modulated Continuous Wave，FMCW）激光雷达，以三角波调频连续波为例来介绍其测距/测速原理。蓝色为发射信号频率，红色为接收信号频率，发射的激光束被反复调制，信号频率不断变化。激光束击中障碍物被反射，反射会影响光的频率，当反射光返回到检测器，与发射时的频率相比，就能测量两种频率之间的差值，与距离成比例，从而计算出物体的位置信息。FMCW 的反射光频率会根据前方移动物体的速度而改变，结合多普勒效应，即可计算出目标的速度。

各类激光雷达优缺点见表 4-1。

表 4-1 各类激光雷达优缺点

分类		优点	缺点
机械式激光雷达	机械旋转式激光雷达	①技术成熟 ②扫描速度快 ③360° 扫描	①可量产性差：光路调试、装配复杂、生产效率低 ②价格贵：靠增加收发模块的数量实现高线束，元器件成本高，主机厂难以接受 ③难以满足车规的严苛要求：旋转部件体积/重量庞大 ④造型不易于集成到车体
混合固态激光雷达	MEMS 振镜激光雷达	① MEMS 微振镜摆脱了笨重的电动机、多发射/接收模组等机械装置，毫米级尺寸的微振镜大大减少了激光雷达的尺寸，提高了稳定性 ② MEMS 微振镜可减少激光发射器和探测器数量，极大地降低成本	①有限的光学口径和扫描角度限制了激光雷达的测距能力和视场角（Field of View，FOV），大视场角需要多子视场拼接，这对点云拼接算法和点云稳定度要求都较高 ②抗冲击可靠性存疑

(续)

分类		优点	缺点
混合固态激光雷达	旋转扫描镜激光雷达	①满足车规要求 ②寿命长 ③可靠度高	①扫描线数少 ②扫描角度达不到360°
	楔形棱镜旋转激光雷达	①非重复扫描，解决了机械式激光雷达的线式扫描导致漏检物体的问题 ②可实现随着扫描时间增加，达到近100%的视场覆盖率 ③没有电子元器件的旋转磨损，可靠性更高，符合车规	①单个雷达的FOV较小，视场覆盖率取决于积分时间 ②独特的扫描方式使其点云的分布不同于传统机械旋转式激光雷达，需要算法适配
	二维扫描振镜激光雷达	①转速越高，扫描精度越高 ②可以控制扫描区域，提高关键区域的扫描密度 ③多边形可提供超宽FOV，一般可做到水平120°。MEMS激光雷达一般不超过80° ④通光孔径大，信噪比和有效距离要远高于MEMS激光雷达 ⑤价格低廉，MEMS振镜贵的要上千美元；多边形激光扫描已经非常成熟，价格只要几十美元 ⑥激光雷达间抗干扰性强	与MEMS技术比，缺点是功耗高，有电动机转动部件
纯固态激光雷达	面阵闪光（Flash）激光雷达	①一次性实现全局成像来完成探测，无须考虑运动补偿，避免了扫描过程中目标或激光雷达自身运动带来的误差 ②无扫描器件，成像速度快 ③集成度高，体积小 ④芯片级工艺，适合量产 ⑤全固态优势，易于车规	①激光功率受限，探测距离近 ②抗干扰能力差 ③角分辨率低
	光学相控阵（OPA）激光雷达	①纯固态激光雷达，体积小，易于车规 ②扫描速度快（一般可达到MHz量级以上） ③精度高（可以做到μrad量级以上） ④可控性好（可以在感兴趣的目标区域进行高密度扫描）	①易形成旁瓣，影响光束作用距离和角分辨率，使激光能量被分散 ②加工难度高：光学相控阵要求阵列单元尺寸必须不大于半个波长 ③探测距离很难做到很远
	调频连续波（FMCW）激光雷达	①每个像素都有多普勒信息，含速度信息 ②解决激光雷达间串扰问题 ③不受环境光影响，探测灵敏度高	不能探测切向运动目标

2. 激光雷达特点分析

激光雷达的优点有：

1）分辨率高，精度高。激光雷达可以获得极高的角度、距离分辨率。角分辨率可以达到0.1°，也就是说可以分辨3km距离上相距5m的两个目标（这是微波雷达无论如何也办不到的），并可同时跟踪多个目标；距离分辨率可达到0.1m。分辨率高，是激光雷达的最显著的优点，其多数应用都是基于此。

2）抗有源干扰能力强。与微波雷达易受自然界广泛存在的电磁波影响的情况不同，自然界中能对激光雷达起干扰作用的信号源不多，因此激光雷达抗有源干扰的能力很强。

3）获取的信息量丰富。可直接获得目标的距离、角度、反射强度、速度等信息，生成目标多维图像。

4）可全天时工作。激光主动探测，不依赖于外界光照条件或目标本身的辐射特性。它只需发射自己的激光束，通过探测发射激光束的回波信号来获取目标信息。

激光雷达的缺点有：

1）雨雪、雾霾天气精度下降。其工作时受天气和大气影响大。激光一般在晴朗的天气里衰减较小，传播距离较远。而在大雨、浓雾等恶劣天气里，衰减急剧加大，传播距离大受影响。

2）激光雷达难以分辨交通标志的含义和红绿灯颜色。在自动驾驶系统中，必须使用其他的传感器（如可见光相机等）辅助进行车辆与环境的交互过程。

3）激光雷达接收的是光信号，容易受阳光、其他车辆的激光雷达等光线影响。大气环流还会使激光光束发生畸变、抖动，直接影响激光雷达的测量精度。

4）现阶段成本较高。

3. 激光点云技术

点云（Point Cloud）是通过车载激光发射器接收的信号进行处理所获得的表达地表三维形态的、离散的、密度不均匀的数据点集，是继矢量、影像后的第三类空间数据，为刻画三维现实世界提供了最直接和有效的表达方式。

在智能网联汽车运行过程中，激光雷达系统并不是静止不动的。在智能网联汽车的行驶过程中，激光雷达同时以一定的角速度匀速转动，并在转动过程中不断地发出激光并收集反射点信息，以便得到全方位的环境信息。激光雷达在收集反射点距离的过程中也会同时记录下该点发生的时间和水平角度（Azimuth），并且每个激光发射器都有其编号和固定的垂直角度，根据这些数据就可以计算出所有反射点的坐标。激光雷达每旋转一周，所收集到的所有反射点坐标的集合就形成了点云。激光雷达在智能网联汽车上的布局如图 4-5 所示。

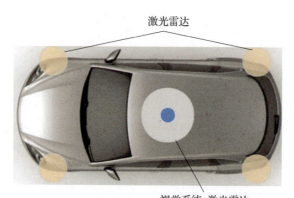

图 4-5　激光雷达在智能网联汽车上的布局

点云技术是指通过海量点集合来表示空间内物体的坐标和分布的一种技术，通过在空中绘制出大量的点［包括三维坐标、激光反射强度（Intensity）和颜色信息（RGB）］，并用这些点来形成数据集合，从而建立起三维模型来表示空间的表面特性。

目前，点云处理涉及的技术主要有：点云滤波（数据预处理）、点云关键点、特征和特征描述、点云配准、点云分割与分类、SLAM 图优化、目标识别检索、变化检测、三维重建、点云数据管理。

二、激光雷达通信接口与协议

1. 概述

激光雷达一般都是网络接口输出雷达数据，使用 UDP 协议，输出包有三种类型：MSOP 包（主数据流输出协议）、DIFOP（设备信息输出协议）和 UCWP（用户配置写入协议）。

1）主数据流输出协议 MSOP，将激光雷达扫描出来的距离、角度、反射率等信息封装成包输出给电脑。

2）设备信息输出协议 DIFOP，将激光雷达当前状态的各种配置信息输出给电脑。

3）用户权限写入协议 UCWP，用户可以根据自己需求，重新修改激光雷达的某些配置参数。

本课程仅介绍用户最关心的 MSOP 通信协议，学生可根据激光雷达手册自行学习其他协议。

2. MSOP 通信协议

MSOP 包完成三维测量相关数据输出，包括激光测距值、回波的反射率值、水平旋转角度值和时间戳。MSOP 包的有效载荷长度为 1248byte，包括 42byte 的同步帧头（Header）、1200byte 的数据块区间（共 12 个 100byte 的数据块）和 6byte 帧尾（Tail）。

回波模式可以按照激光雷达打出一束激光后可以接收几个回波来区分，一般有单回波模式和双回波模式两种，之所以会出现双回波模式，是因为发出去的激光点是有一定面积的，有时可能会出现 1 个激光点发出后，打在 2 个物体上（打在了物体边界上），所以根据回波模式，通信协议也有单回波通信协议和双回波通信协议两种，如图 4-6、图 4-7 所示。

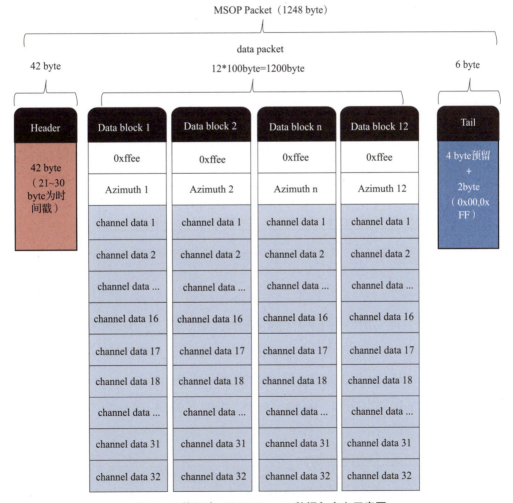

图 4-6　单回波 MSOP Packet 数据包定义示意图

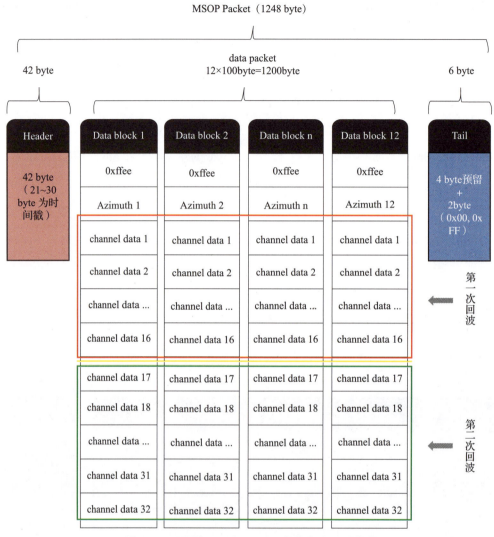

图 4-7 双回波 MSOP Packet 数据包定义示意图

（1）帧头

帧头（Header）共 42byte，用于识别出数据的开始位置。在 Header 的 42byte 数据中有 8byte 用于数据包头的检测，剩下 34byte 中，21~30byte 存储时间戳，第 31byte 用于表示激光雷达的型号，其余作预留处理，为后续的更新升级使用。

Header 的 8byte 定义为 0x55、0xAA、0x05、0x0A、0x5A、0xA5、0x50、0xA0，可作为包的检查序列。

定义的时间戳用来记录系统的时间。

第 31byte 的激光雷达的型号标识位描述见表 4-2。

表 4-2 激光雷达的型号标识位描述

LiDAR Model（1 byte）	
0x01	16 线激光雷达
0x02	32 线激光雷达

（2）数据块区间

数据块区间是 MSOP 包中传感器的测量值部分，共 1200byte。它由 12 个数据块（data block）组成，每个 block 长度为 100byte，代表一组完整的测距数据。数据块中 100byte 的空间包括：2byte 的标志位，使用 0xffee 表示；2byte 的 Azimuth，表示水平旋转角度信息，每个角度信息对应着 32 个 channel data，包含 2 组完整的 16 个通道信息。

1）角度值（Azimuth）定义。在每个数据块中，激光雷达输出的水平角度值是该数据块中第一个通道激光测距时的角度值。角度值来源于角度编码器，角度编码器的零位即角度的零点，水平旋转角度值的分辨率为 0.01°。事实上每个数据块区域有 32 组的通道数据，对应两次 16 线测距信息，而每个数据块只有一个水平旋转角度值，因此单回波模式下每个数据块水平旋转角度值对应于该数据块中的第一次 16 线测距中的第一通道的测量时的水平角度，第二次 16 线测距中的第一通道的水平角度对应需通过在点云解析过程中进行插值计算得到新的角度。

2）通道数据（channel data）定义。通道数据是 3byte，高两字节用于表示距离信息，低一字节用于表示反射率信息，见表 4-3。

表 4-3 通道数据定义

Channel data n（3 byte）		
2 byteDistance		1 byteReflectivity
Distance1 [15:8]	Distance2 [7:0]	Reflectivity（反射率信息）

Distance 是 2byte，单位为 cm，分辨率因为雷达固件版本的不同，有 1cm 和 0.5cm 的区别。

反射率信息为相对反射率。反射率信息可以反映实测环境下系统的反射率性能，通过反射率信息可以完成对材质物体的区分。

（3）帧尾

帧尾（Tail）长度 6byte，4byte 位预留信息，2byte 的 0x00、0xFF。

由于激光雷达是按照通道顺序依次发送激光,不是同时发射出去的,然后依次接收激光回波,又由于激光雷达一直在匀速旋转,所以每一个通道的水平旋转角都不一样。

岗位任务五 激光雷达数据接入与调试

本任务采用业内广泛采用的一款型号为 RS-LiDAR-16 的 16 线毫米波雷达,主要面向无人驾驶汽车环境感知、机器人环境感知、无人机测绘等领域。

RS-LiDAR-16 采用混合固态激光雷达方式,集合了 16 个激光收发组件,测量距离高达 150m,测量精度 ±2cm 以内,出点数高达 300000 点 /s,水平测角 360°,垂直测角 -15°~15°。RS-LiDAR-16 通过 16 个激光发射组件快速旋转的同时发射高频率激光束对外界环境进行持续性地扫描,经过测距算法提供三维空间点云数据及物体反射率,可以让机器看到周围的场景,为定位、导航、避障等提供有力的保障。

1. 设备参数

设备参数见表 4-4。

表 4-4 设备参数

参数类别	参数说明
传感器	TOF 法测距 16 通道 测距:40cm~150m(目标反射率 20%) 精度:±2cm(典型值,具体分布参考精度说明图) 视角(垂直):±15°(共 30°) 角分辨率(垂直):2° 视角(水平):360° 角分辨率(水平 / 方位角):0.1°(5Hz)至 0.4°(20Hz) 转速:300/600/1200r/min(5/10/20Hz)
激光	Class 1 波长:905nm 激光发射角(全角):水平 7.4mrad,垂直 1.4mrad
性能	可达到 300k 点 /s 百兆以太网 UDP 包中包含距离信息、旋转角度信息、经校准的反射率信息、同步的时间标签(分辨率 1μs)

（续）

参数类别	参数说明
电气指标	输入电压范围：DC 9~32V 额定工作电压：DC 12V 功耗：12W(典型值)
机械指标	防护安全级别：IP67 工作环境温度范围：–30~60℃ 存储环境温度范围：–40~85℃
精度说明	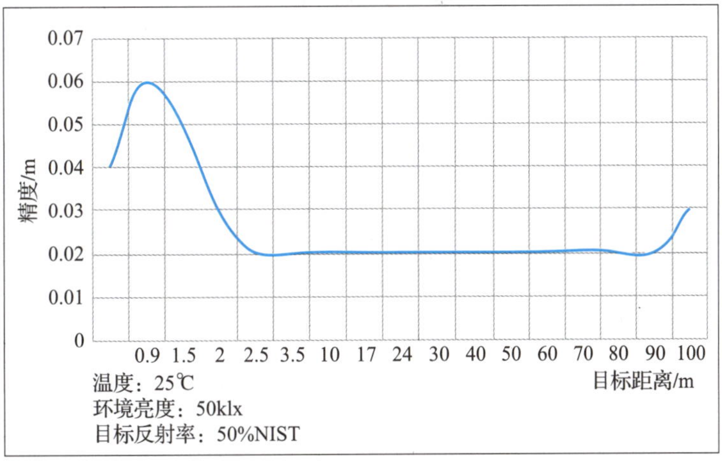精度/m 0.07 0.06 0.05 0.04 0.03 0.02 0.01 0 0.9 1.5 2 2.5 3.5 10 17 24 30 40 50 60 70 80 90 100 目标距离/m 温度：25℃ 环境亮度：50klx 目标反射率：50%NIST

2. 硬件清单

硬件清单见表 4–5。

表 4–5　硬件清单

设备名称	实物图	功能说明
激光传感器	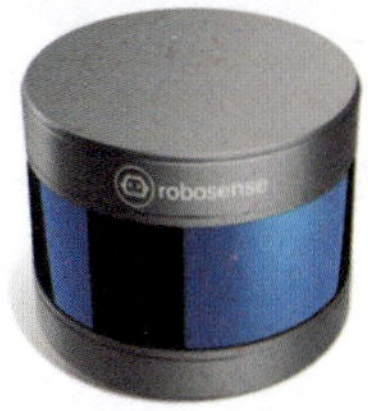robosense	16 线激光雷达主体
接口盒	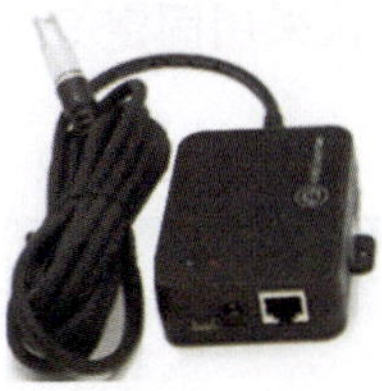	具备电源输入接口，以太网数据输出接口（与采集控制器主机连接），GPS 设备输入接口，航空接头（与激光雷达传感器连接）

（续）

设备名称	实物图	功能说明
电源		含 12V 电源适配器
网线		千兆屏蔽双绞线

3. 硬件连接示意图

激光雷达硬件连接示意图如图 4-8 所示。

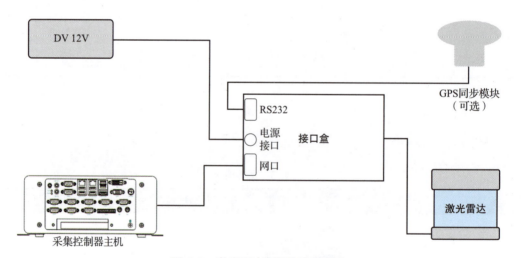

图 4-8　激光雷达硬件连接示意图

4. ROS 环境下调试

RS-LiDAR-16 网络参数可配置，出厂默认采用固定 IP 和端口号模式，见表 4-6。

表 4-6　RS-LiDAR-16 网络参数

	IP 地址	MSOP 包端口号	DIFOP
RS-LiDAR-16	192.168.1.200	6699	7788
计算机	192.168.1.102		

（1）配置网络

1）打开网络配置界面，如图 4-9 所示。

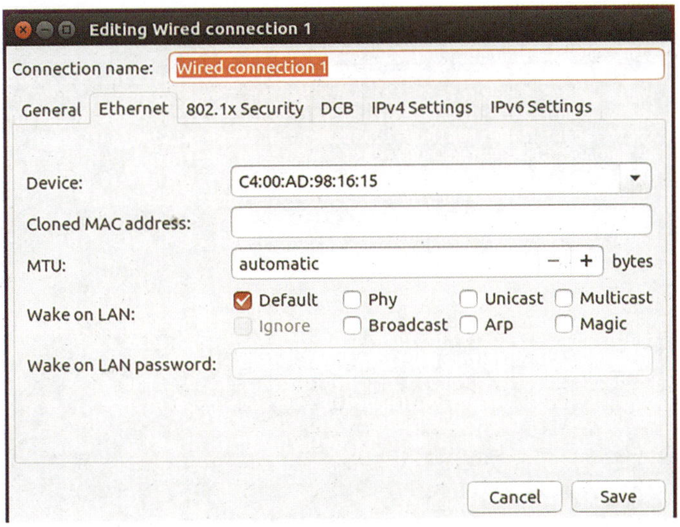

图 4-9 网络配置界面

2）IPv4 Settings，如图 4-10 所示。

由于激光雷达默认会与 192.168.1.102 这个 IP 地址通信，所以需要进行如下设置，在 IPv4 Settings 里面，将启动方式改为"Manual"，添加 IP 地址 192.168.1.102，掩码 255.255.255.0（24），网关 192.168.1.1。

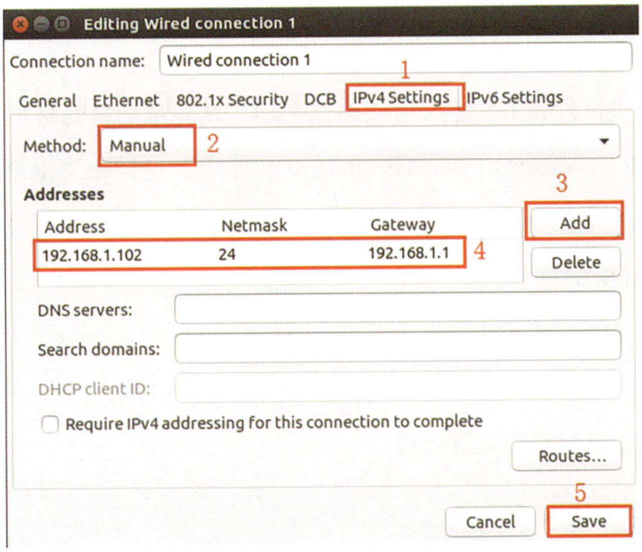

图 4-10 IPv4 Settings

3)查看网络配置,如图 4-11 所示。

```
ifconfig
```

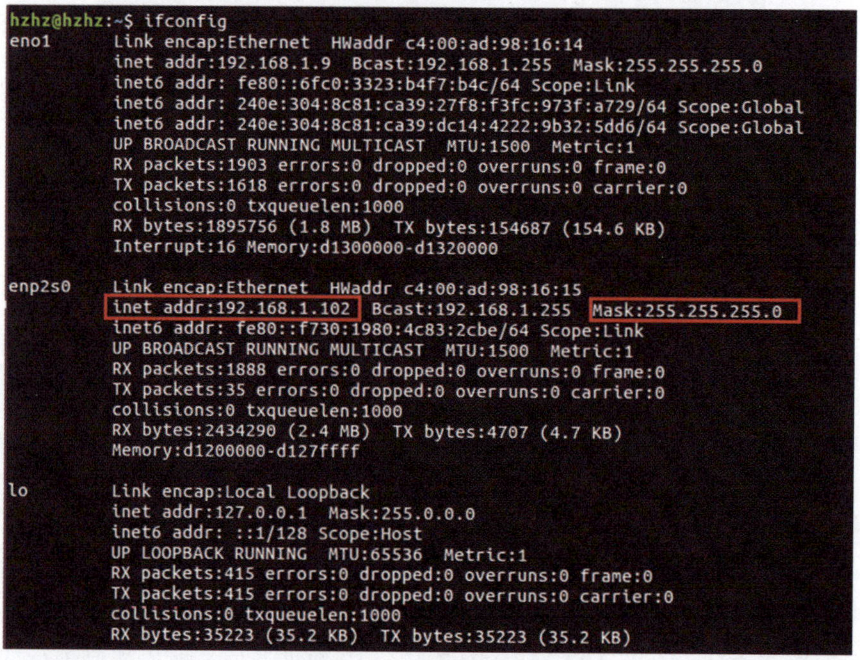

图 4-11 查看网络配置

(2)操作步骤

1)启动 Teminator 智能终端。

2)配置环境变量。

如果之前已经执行过如下配置,可省略这一步,这一步的目的是把"source ~/catkin_ws/devel/setup.bash"这条命令,添加到 .bashrc 文件中,这样每当重新启动一个 shell 窗口时,都会自动执行该 source 命令,从而把本课程所用到的功能包路径配置到 ROS_PACKAGE_PATH 环境变量中。

```
echo "source ~/catkin_ws/devel/setup.bash" >> ~/.bashrc
source ~/.bashrc
```

可通过如下命令查询是否配置成功:

```
env |grep ROS_PACKAGE_PATH
```

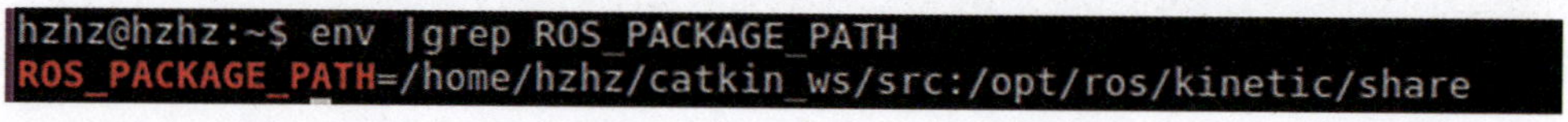

3）启动 roscore。

```
roscore
```

4）启动激光雷达 launch 文件。

```
roslaunch rslidar_sdk start.hzhz.launch
```

5）查看 topic 列表。

```
rostopic list
```

```
hzhz@hzhz:~$ rostopic list
/rosout
/rosout_agg
/rslidar_laserscan
/rslidar_points
```

其中，/rslidar_laserscan 是激光雷达的扫描消息，/rslidar_points 是激光雷达的点云信息。

6）启动 rviz。

启动 rviz 可视化界面，并添加 LaserScan 和 PointCloud2 两个控件，分别选择 /rslidar_laserscan 和 /rslidar_points 消息，同时需要修改 Fixed Frame 为 laser（雷达点云信息的 frame）。

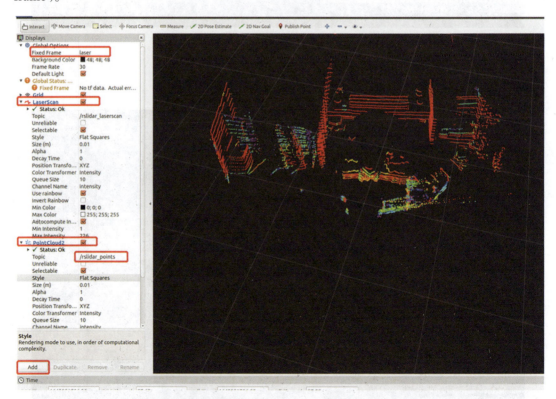

7）录制激光雷达数据。

```
rosbag record /rslidar_points /rslidar_laserscan -o laser.bag
```

8）回放毫米波雷达数据。

```
rosbag play laser.bag
```

5. 反思与总结

1）激光雷达的调试完成情况：

2）在完成任务的过程中遇到的问题：

3）是如何来解决这些问题的：

扩展案例

据预测，受无人驾驶车队规模扩张、激光雷达在ADAS中渗透率增加等因素推动，激光雷达整体市场预计将呈现高速发展态势，至2025年全球市场规模为135.4亿美元。车载激光雷达市场占比超过50%，预计2025年全球车载激光雷达（无人驾驶＋ADAS）市场规模将超过80亿美元。

2021年10月12日，全国汽车标准化技术委员会电子与电磁兼容分技术委员会组织召开了《车载激光雷达性能要求及试验方法》标准起草组成立会，来自国内外汽车整车及激光雷达生产企业、技术机构的五十余位专家参加了此次会议。经与会专家研讨，初步确立了车载激光雷达的标准体系构成和标准研制工作的计划与分工，其中GB/T《车载激光雷达性能要求及试验方法》由禾赛公司和百度公司联合牵头负责，QC/T《机械旋转型车载激光雷达》由禾赛公司和万集公司联合牵头负责，QC/T《MEMS型车载激光雷达》由速腾公司和万集公司联合牵头负责，QC/T《转镜型车载激光雷达》由华为公司和禾赛公司联合牵头负责。国家标准和行业标准的制定，意味着车载激光雷达将逐渐步入规范化、标准化的轨道，为汽车主机厂和激光雷达厂商在未来的前装量产合作提供了参考基准。

上海禾赛光电科技有限公司2013年成立于美国硅谷圣何塞，2014年总部迁至上海，专注于开发激光传感器。目前产品线包括自动驾驶和机器人的激光雷达，以及用于能源行业安全巡检的激光遥测系统等，核心产品主要是 PandarGT、Pandar64、Pandar40P、Pandar40，已推出混合固态 40 线激光雷达。自主研发的激光雷达 Pandar40 自两年多前量产以来，海外合作客户主要是美国（硅谷、底特律、匹兹堡）、欧洲和中国等数十家顶尖自动驾驶公司，例如宝马、德尔福、德国大陆、爱驰亿维、智行者、Roadster.ai、景驰科技。

速腾聚创（RoboSense）注册于 2014 年，初期由哈尔滨工业大学博士团队创建，经过多年的科研沉淀与商业化转换，是全球领先的激光雷达环境感知解决方案提供商。目前速腾聚创成功建立起围绕激光雷达环境感知为核心的产销研一体化经营体系，利用自主研发的具有世界领先水平的机器人感知产品，将激光雷达传感器硬件方案、三维数据处理算法和深度学习技术相结合，通过持续的技术创新，让机器人拥有超越人类眼睛的环境感知能力。核心产品包括 MEMS 固态激光雷达系统技术解决方案（RS-LiDAR-M1）、机械式系列激光雷达系统技术解决方案（RS-LiDAR-16、RS-LiDAR-32、RS-Ruby、RS-Bpearl 等），客户已覆盖全球各大自动驾驶科技公司、车企、一级供应商等，相关技术广泛应用于自动驾驶物流车、公交车、乘用车等多种场景之中。

北京万集科技股份有限公司成立于 1994 年 11 月 2 日，在北京和武汉建立两大研发中心。万集科技是国内领先的智能交通产品与服务提供商，专业从事智能交通系统（ITS）技术研发、产品制造、技术服务，为公路交通和城市交通客户提供专用短程通信（ETC）、激光产品、智能网联、动态称重系列产品的研发和生产，以及相关的方案设计、施工安装、软件开发和维保等相关服务，同时在车联网、大数据、云平台、边缘计算及自动驾驶等多个领域积累了大量自主创新技术，开发了车路两端激光雷达、V2X 车路协同设备、智能网联路侧智慧基站、智慧交通云平台等系列产品，为智慧高速、智慧城市提供全方面综合的解决方案、系统、产品及服务。

思考与练习

一、判断题

1. 单线雷达就可以获取事物的 3D 数据。（   ）
2. 旋转扫描镜激光雷达扫描角度不能到 360°。（   ）

3. 根据回波模式，MSOP 通信协议一般有单回波模式和双回波模式两种。（   ）

二、填空题

1. 机械旋转式激光雷达的优点有（   ）；（   ）；（   ）。

2. 激光雷达检测到的每一个点的信息都包含了（   ）和（   ）。

3. 激光雷达一般使用 UDP 协议，输出包有三种类型：（   ）、（   ）和（   ）。

三、简答题

1. 简述激光雷达的工作原理。

2. 简述激光雷达的优缺点。

3. 简述激光点云及点云技术。

模块五
毫米波雷达数据接入技术与工程实践

学习目标

知识目标

- 了解毫米波雷达的工作原理。
- 熟悉毫米波雷达的类型及其优缺点。
- 熟悉毫米波雷达通信接口与协议。
- 熟悉毫米波雷达实践开发的设备。
- 掌握毫米波雷达硬件连接及调试技术。

技能目标

- 能描述毫米波雷达在智能网联汽车中的运用。
- 能熟练运用毫米波雷达数据采集相关专业术语。
- 能利用设备进行毫米波雷达的调试。

素质目标

- 养成查阅资料、勤于思考、联系实际的习惯,增强学习能力。
- 通过了解我国的毫米波雷达技术,提升民族自信心。

一、毫米波雷达

1. 概述

毫米波雷达（Millimeter Wave Radar）是工作在毫米波波段探测的雷达，与普通雷达相似，通过发射无线电信号并接收反射信号来测定与物体间的距离。毫米波频率通常在 30~300GHz（波长为 1~10mm）之间，波长介于厘米波和光波之间，毫米波雷达兼有微波雷达和光电雷达的一些优点，非常适合于自动驾驶汽车领域的应用。因为毫米波雷达具有较强的穿透性，能够轻松地穿透保险杠上的塑料，所以常被安装在汽车保险杠内。

2. 毫米波雷达工作原理

毫米波雷达其采集的原始数据基于极坐标系（距离、角度），与激光雷达的笛卡儿（XYZ）坐标系不同。在汽车雷达领域，调频连续波（FMCW）波形比较常见，其工作时，振荡器会产生一个频率随时间逐渐增加的信号（chirp），这个信号在遇到障碍物之后会反弹回来，其时延为 2 倍的距离除以光速。返回的波形和发出的波形之间有个频率差，这个频率差呈线性关系：物体越远，返回的波收到得越晚，那么它跟入射波的频率差值就越大。将这两个频率做一个减法，即可得到二者频率的差拍频率，通过判断差拍频率的高低就可以判断障碍物的距离。毫米波的测速原理是基于 chirp 之间的多普勒效应。

在智能网联汽车领域，车载毫米波雷达通过天线发射毫米波，接收目标反射信号，经后方处理后快速准确地获取汽车车身周围的物理环境信息（如汽车与其他物体之间的相对距离、相对速度、角度、运动方向等），然后根据所探知的物体信息进行目标追踪和识别分类，进而结合车身动态信息进行数据融合，最终通过中央处理单元（Electronic Control Unit，ECU）进行智能处理。经合理决策后，以声、光及触觉等多种方式告知或警告驾驶人，或及时对汽车作出主动干预，从而保证驾驶过程中的安全性和舒适性，降低事故发生概率，如图 5-1 所示。

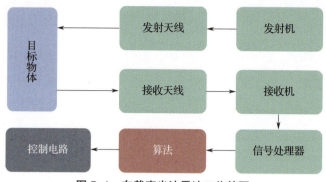

图 5-1　车载毫米波雷达工作简图

3. 毫米波雷达分类

目前，比较常见的车载领域的毫米波雷达频段有三类。

第一类频段是 24~24.25GHz，目前大量应用于汽车的盲点监测、变道辅助。雷达安装在车辆的后保险杠内，用于监测车辆后方及两侧的车道是否有车、能否进行变道。这个频段也有其缺点，首先是频率比较低，其次带宽（bandwidth）比较窄，只有 250MHz。

第二类频段是 77GHz（76~79GHz），这个频段的频率比较高，国际上允许的带宽达 800MHz。这个频段的雷达性能要好于 24GHz 的雷达，所以主要用来装配在车辆的前保险杠上，探测与前车的距离以及前车的速度，实现的主要是紧急制动、自动跟车等主动安全领域的功能。

第三类频段是 76~81GHz，这个频段最大的特点是其带宽非常高，要比 77GHz 的高出 4 倍以上，这也使其具备非常高的距离分辨率，可以达到 5cm。

4. 毫米波雷达优缺点

毫米波雷达的优点有以下 3 点：

1）高分辨率，小尺寸。由于天线和其他的微波元器件尺寸与频率有关，因此毫米波雷达的天线和微波元器件较小，小的天线尺寸可获得窄波束。

2）与红外、激光、电视等光学导引头相比，毫米波导引头穿透雾、烟、灰尘的能力强，测距精度受天气因素和环境因素影响较小，可以基本保证车辆在各种日常天气下的正常运行。

3）与红外系统相比，毫米波雷达可以直接测量距离和速度。

毫米波雷达的缺点有以下 3 点：

1）与微波雷达相比，毫米波雷达发射机的功率小，波导器件中的损耗大。

2）行人的后向散射截面较弱，如果需要探测行人，雷达的探测阈值需要设低，其负面效应可能会有更多虚报物体出现。

3）毫米波器件昂贵，现阶段不能大批量生产装备。

二、毫米波雷达通信接口与协议

1. 通信接口

不同的厂商，毫米波雷达的通信接口和通信协议都不一样，但一般都支持 CAN 总线输出，并提供其 CAN 通信协议，下面以市面某款毫米波雷达为例作简要介绍，具体使用需要根据产品说明手册进行开发调试。

实验课程使用的毫米波雷达有两路 CAN 2.0B 接口，波特率 500kbit/s，分别为 CAN0 和 CAN1。CAN0 接口是为了开发一些特定的功能系统或调试而保留，CAN1 作为雷达数据输出接口，有两个端子用于输出报警信息。

CAN1 接口实现的功能包括：

- 输出原始测量点迹和跟踪后的目标航迹信息。
- 输出雷达运行状态、故障信息。
- 刷写固件及标定参数。
- 接收车身信号，例如车速、横摆速率等信号。
- 配置雷达工作参数，例如各种过滤条件、碰撞区域、报警输出以及雷达工作模式等参数。

2. 雷达常用通信协议

原始目标列表消息结构如图 5-2 所示。

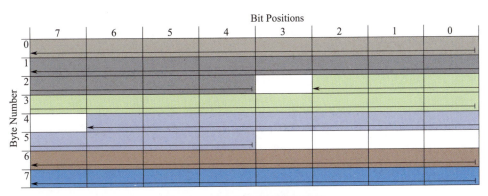

图 5-2 原始目标列表消息结构

注意：以上消息结构中，箭头所指方向是从 LSB 到 MSB 方向。

对应信号说明见表 5-1。

表 5-1 对应信号说明

BitPos	SIGNAL	Description
0	raw_det_general_id	目标 ID
20	raw_det_range	径向距离
24	raw_det_range_rate	径向速度
44	raw_det_angle	目标角度
48	raw_det_rcs	目标 RCS
56	raw_det_snr	目标信噪比

毫米波雷达接入与调试

本任务以市面上一款常见的毫米波雷达为例,其最大可检测 128 个目标物体,探测范围较远,最远距离在 190m 左右。

1. 设备参数

设备参数见表 5-2。

表 5-2 设备参数

类型	参数
探测范围（10dBsm 目标）	1~190m@±15°、1~160m@±30°、1~30m@±45°,见图 5-3
距离精度 /m	0.1@10m、0.2@40m、0.2@100（>75%）
距离多目标分辨率 /m	1.8
距离范围 /m	0.6~190
速度精度 /（km/h）	0.1
速度多目标分辨率 /（km/h）	1
速度范围 /（km/h）	−280~140
水平角度精度 /（°）	0.3@±7°、0.45@±11°、0.55@±13°、0.9@±29°
水平角度多目标分辨率 /（°）	3.6°@10m、3.2°@40m（2m 间隔）
水平角度范围 /（°）	±60
垂直角度范围 /（°）	±5
最大目标数	128
数据更新时间 /ms	50

（续）

类型	参数
电源	9~24V，<2W
工作频率/GHz	76~77
收发通道数量（T/R）	3/4

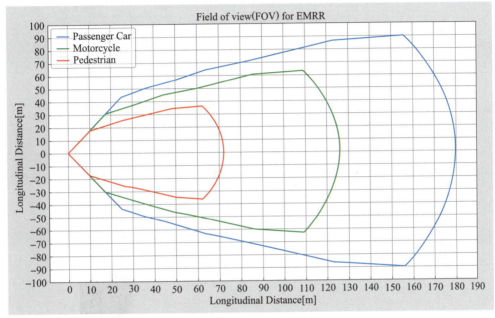

图 5-3　探测范围示意图

2. 硬件清单

硬件清单见表 5-3。

表 5-3　硬件清单

设备名称	实物图	功能说明
毫米波雷达主机		毫米波雷达主机
电源和信号线束		DC 供电 红线：电源正，9~36V 黑线：电源地

3. 雷达接口

雷达接口见表5-4。

表5-4 雷达接口

雷达端口接头&管脚定义	管脚	符号	颜色	功能
	1	VBAT	红	9~36V 直流电源
	2	GND	黑	地
	3	CAN0 L	黄	保留
	4	CAN0 H	绿	
	5	CAN1 L	蓝	雷达数据接口
	6	CAN1 H	橙	
	7	HSD OUT1	白	高边驱动输出口1
	8	HSD OUT2	褐	高边驱动输出口2

4. 硬件连接示意图

硬件连接如图5-4所示。

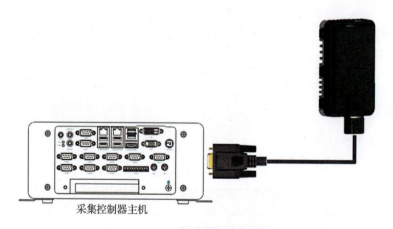

采集控制器主机

图5-4 毫米波雷达硬件连接示意图

5. 雷达坐标系

雷达的工作原理决定了雷达探测到的原始目标信息是在极坐标下表示的，可以根据需要，将目标参数转换到直角坐标系，对ESRR、EMRR雷达来说，输出的原始目标（RAW DETECT）是极坐标表示，输出的跟踪目标（OBJECT）是直角坐标系描述，碰撞区域是在直角坐标系描述，如图5-5所示。

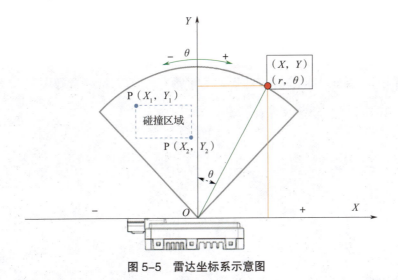

图 5-5 雷达坐标系示意图

6. ROS 环境下调试

（1）环境准备

1）将传感器 CAN 接口与采集控制器主机的 CAN 接口连接。

2）启动 Ubuntu 系统。

（2）操作步骤

1）启动 Teminator 智能终端。

2）配置环境变量。

如果之前已经执行过如下配置，可省略这一步，这一步的目的就是把"source ~/catkin_ws/devel/setup.bash"这条命令，添加到 .bashrc 文件中，这样每当重新启动一个 shell 窗口时，都会自动执行该 source 命令，从而把本任务所用到的功能包路径配置到 ROS_PACKAGE_PATH 环境变量中。

```
echo "source ~/catkin_ws/devel/setup.bash" >> ~/.bashrc
source ~/.bashrc
```

3）可通过如下命令查询是否配置成功。

```
env |grep ROS_PACKAGE_PATH
```

```
hzhz@hzhz:~$ env |grep ROS_PACKAGE_PATH
ROS_PACKAGE_PATH=/home/hzhz/catkin_ws/src:/opt/ros/kinetic/share
```

4)启动 roscore。

```
roscore
```

```
hzhz@hzhz:~$ roscore
... logging to /home/hzhz/.ros/log/c3cd7e06-76c1-11ec-a37b-c400ad981614/roslaunch-hzhz-2245.log
Checking log directory for disk usage. This may take awhile.
Press Ctrl-C to interrupt
Done checking log file disk usage. Usage is <1GB.

started roslaunch server http://hzhz:33599/
ros_comm version 1.12.17


SUMMARY
========

PARAMETERS
 * /rosdistro: kinetic
 * /rosversion: 1.12.17

NODES

auto-starting new master
process[master]: started with pid [2256]
ROS_MASTER_URI=http://hzhz:11311/

setting /run_id to c3cd7e06-76c1-11ec-a37b-c400ad981614
process[rosout-1]: started with pid [2269]
started core service [/rosout]
```

5)新开一个 shell 窗口,启动毫米波雷达驱动。

```
rosrun radar_can_handle radar_can_handle_node can0
```

注意:根据硬件连接接口,对应修改入参。

程序运行后会在当前窗口下周期打印 can 数据,以及对 can 报文目标列表信息。

```
[ INFO] [1642525111.502647108]: can_id 1283
[ INFO] [1642525111.502673936]: can dlc 8
[ INFO] [1642525111.502695436]: can data[0-7] 1 1 84 0 65 128 99 41
[ INFO] [1642525111.502758957]: can_id 1283
[ INFO] [1642525111.502783689]: can dlc 8
[ INFO] [1642525111.502804406]: can data[0-7] 2 2 228 0 42 144 83 43
[ INFO] [1642525111.556431632]: can_id 1281
[ INFO] [1642525111.556486954]: can dlc 6
[ INFO] [1642525111.556510807]: can data[0-7] 2 8 78 0 157 248 0 0
[ INFO] [1642525111.556542561]: raw_det_list.target[0].org_id = 1,range=2.10,angle=2.40
[ INFO] [1642525111.556577029]: raw_det_list.target[1].org_id = 2,range=4.60,angle=-34.30
```

当前毫米波雷达检测到 2 个目标物体,极坐标(r,角度)分别是(2.10,2.40)和(4.6,-34.30)。

6)查看 topic 列表消息。

```
rostopic list
```

```
hzhz@hzhz:~$ rostopic list
/can0
/rosout
/rosout_agg
```

7)查看 /can0 消息。

```
rostopic echo/can0
```

```
header:
  seq: 8840
  stamp:
    secs: 1642525111
    nsecs: 502620089
  frame_id: "can0"
id: 1283
is_rtr: False
is_extended: False
is_error: False
dlc: 8
data: [1, 1, 84, 0, 65, 128, 99, 41]
---
header:
  seq: 8841
  stamp:
    secs: 1642525111
    nsecs: 502725555
  frame_id: "can0"
id: 1283
is_rtr: False
is_extended: False
is_error: False
dlc: 8
data: [2, 2, 228, 0, 42, 144, 83, 43]
---
header:
  seq: 8842
  stamp:
    secs: 1642525111
    nsecs: 556364965
  frame_id: "can0"
id: 1281
is_rtr: False
is_extended: False
is_error: False
dlc: 6
data: [2, 8, 78, 0, 157, 248, 0, 0]
---
```

上图显示了三条 can 报文数据,与 shell 终端打印的信息是一一对应的,三条数据分别是:

```
id: 1283
dlc: 8
data: [1, 1, 84, 0, 65, 128, 99, 41]
```

```
id: 1283
dlc: 8
data: [2, 2, 228, 0, 42, 144, 83, 43]
```

```
id: 1281
dlc: 6
data: [2, 8, 78, 0, 157, 248, 0, 0]
```

8）录制毫米波雷达数据。

```
rosbag record /can0 -o mmw.radar.bag
```

9）回放毫米波雷达数据。

```
rosbag play mmw.radar.bag
```

7. 反思与总结

1）毫米波雷达的调试完成情况：

2）在完成任务的过程中遇上的问题：

3）是如何来解决这些问题的：

扩展案例

目前，毫米波雷达被广泛应用于自适应巡航（ACC）、前向防撞报警（FCW）、盲点检测（BSD）、辅助停车（PA）、辅助变道（LCA）等ADAS相关功能中。为满足以上功能感知需求，智能网联汽车上会安装多颗雷达组成系统，覆盖短程、中程、远程探测功能。

我国毫米波雷达行业发展迅速，2020年市场规模达到72.1亿元。据预测，2023年我国毫米波雷达市场规模将达到171亿元，2025年全球毫米波雷达市场规模将达到200亿美元。

国内企业的毫米波雷达相对落后，芯片是主要制约因素。国内毫米波雷达产品在精度、探测距离方面还有欠缺，但发展势头迅猛。

毫米波雷达的主要供应商是博世、采埃孚、大陆、海拉、电装、安波福和法雷奥等，国内供应商有德赛西威、华域汽车和保隆科技等公司。

思考与练习

一、判断题

1. 毫米波雷达具有较强的穿透性,所以常被安装在汽车的保险杠内。（   ）
2. 毫米波雷达其采集的原始数据基于笛卡儿（XYZ）坐标系。（   ）
3. 在智能网联汽车领域,车载毫米波雷达通过天线发射并接收目标反射信号。（   ）

二、填空题

1. 比较常见的车载领域的毫米波雷达频段有三类,分别是（   ）、（   ）和（   ）。
2. 毫米波雷达输出的 CAN 信号内容包括:（   ）、（   ）、（   ）、（   ）、（   ）等信息。

三、简答题

1. 简述毫米波雷达的优缺点。

2. 简述 CAN1 接口的功能。

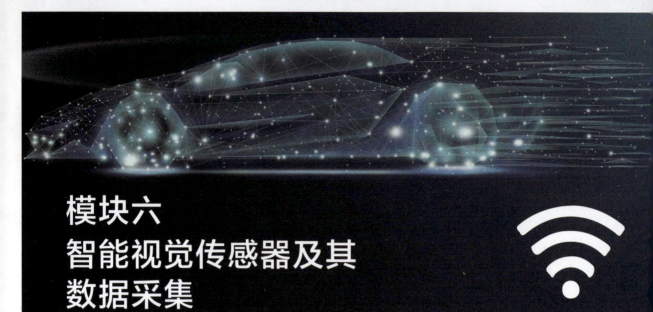

模块六
智能视觉传感器及其数据采集

学习目标

知识目标

- 能理解视觉传感器的基本概念。
- 能讲述视觉传感器在智能网联汽车上的应用。
- 能描述 Mobileye 摄像头的主要功能。
- 能熟练运用智能视觉传感器的通信接口与协议。
- 能熟练运用智能视觉传感器接入与调试。

技能目标

- 能完成智能视觉传感器接入与调试。
- 能完成 Mobileye 摄像头的安装和标定。

素质目标

- 养成查阅资料的学习习惯，提高结合实际的能力。
- 了解现阶段视觉传感器在智能网联汽车上的应用，并学会视觉传感器的接入、安装和调试，从而提高对视觉传感器的认知。

一、视觉传感器概述

视觉源于生物界获取外部环境信息的一种方式，是自然界生物获取信息的最有效手段，是生物智能的核心组成之一。人类 80% 的信息都是依靠视觉获取的。视觉传感技术的出现解决了其他传感器因场地大小限制或检测设备庞大而无法操作的问题。视觉传感器是智能网联汽车实现众多预警、识别功能的 ADAS 功能的基础。

1. 智能视觉传感器的概念

智能视觉传感器是一种高度集成化的微小型机器视觉系统，是近年来机器视觉领域发展最快的一项新技术。它将图像的采集、处理与通信功能集成于单一相机内，从而提供了具有多功能、模块化、高可靠性、易于实现的机器视觉解决方案。智能视觉传感器一般由图像采集单元、图像处理单元、图像处理软件、网络通信装置等组成。

视觉传感器在自动驾驶领域是以摄像头（机）出现，并搭载先进的人工智能算法，便于目标检测和图像处理，对包括行人、车辆、车道、交通标志等在内的目标进行识别检测，并输出结果。

2. 视觉传感器在智能网联汽车中的应用

视觉传感器在智能网联汽车中应用有：①车道偏离警告系统；②车道保持辅助系统；③汽车防碰撞系统；④交通标志识别系统；⑤换道辅助系统；⑥驾驶人监控系统；⑦泊车辅助系统；⑧红外夜视系统；⑨全景环视系统；⑩电子后视镜；⑪智能照明系统等。

特斯拉 Autopilot 2.0 L2 级智能驾驶汽车拥有 3 个前视摄像头、3 个后视摄像头、2 个侧视摄像头、12 个超声波传感器和 1 个毫米波雷达。

3. Mobileye 摄像头

Mobileye 是以色列一家生产协助驾驶人在驾驶过程中保障乘客安全和减少交通事故的视觉系统的公司。Mobileye 在单目视觉高级驾驶辅助系统（ADAS）的开发方面走在世界前列，提供芯片搭载系统和计算机视觉算法运行 ADAS 客户端功能。

Mobileye 智能前视摄像头主要能识别并输入以下目标信息：

前碰撞预警（Front Collision Warning，FCW），当可能与前方车辆发生碰撞时，FCW 将在发生碰撞前最多 2.7s 发出警报。

行人探测与防撞警示（Pedestrian Collision Warning，PCW），当可能与前方行人发生碰时，PCW 将向您发出警报。

车道偏离预警（LDW，Lane Departure Warning），当您无意中偏离车道时，LDW 会向您发出警报。如果您在换道时使用转向灯，则不发出警报。

车距监测预警（Headway Monitoring Warning，HMW），HMW 会显示您与前方车辆的车距。如果您正在接近设定车距（以 s 为单位测量），该功能将向您发出危险警报。

城市前碰撞警告（Urban Forward Collision Warning，UFCW），城市道路低速行驶时，对于车前即将发生的危险发出警告。

智能远光灯控制（Intelligent High Beam Control，IHC），Mobileye 智能远光灯控制在黑暗的道路上且附近没有车辆的情况下可对车辆的前照灯进行控制，将近光灯自动切换成远光灯。

Mobileye EyeQ2 是 25% 的误差；Mobileye EyeQ3 是 15%~20% 的误差；Mobileye EyeQ4 是 10%~15% 的误差。

EyeQ4 可以最高支持到 L3 级别。EyeQ4 芯片可以满足每秒超过 2.5 万亿次 TOPS 浮点运算的超高强度要求，还要符合车用系统芯片 3W 左右的低能量消耗标准。提升的运算性能保证基于 EyeQ4 芯片的高级驾驶辅助系统可以选用更先进的计算机视觉处理算法，例如深度层次化网络和图像模型，从而实现以每秒 36 帧的速度，同时处理 8 个摄像头的影像信息。

EyeQ4 芯片采用了四个 CPU 处理器内核，每个内核又拥有四个硬件线程，性能超过 EyeQ2 和 EyeQ3 使用的创新型向量微码六核处理器（VMP）。EyeQ4 芯片还将引入新颖的加速器类别——两个多线程处理集群（MPC）内核和两个可编程宏阵列（PMA）内核。多线程处理集群内核比图像处理单元（GPU）和其他 OpenCL 加速器功能更丰富，工作效能也高出其他中央处理器。可编程宏阵列内核的计算密集度基本接近于功能固定的硬件加速器，其功能是传统数字信号处理器（DSP）在不牺牲可编程条件下所无法实现的。所有内核都是完全可编程的，并支持不同类型的算法。

视频输出版本是以太网通信，原始视频输出相比单纯以太网输出，可以拿到原始视频的 AVI 格式文件导入自己的算法中来验证，也可以算法导入 EyeQ4 中验证；其中 100°原始视频输出版本有夜间、失效和 AEB 功能。

二、智能视觉传感器通信接口与协议

智能视觉传感器一般都支持 CAN 网络数据输出，有的支持以太网接口输出。不同的视觉传感器，其通信协议也不一样，本课程以汽车工业界常用的 Mobileye 视觉传感器为例，讲述其通信接口与通信协议。

Mobileye 智能视觉传感器的功能非常多，通信协议也非常全面，按照类别可以分为四大类：第一类是标准的 CAN 输出协议，它包含所有警告的信息以及车辆所有信号的状态，can 消息 ID 分别是 0x700 和 0x760；第二类是 TSR（Traffic Signs Recognized）协议，交通信号识别协议，CAN 消息 ID 范围是 0x720~0x727；第三类是 GRYO 协议，通过自带的 Gyro 传感器，提供角速度，CAN 消息 ID 为 0x703；第四类是配置协议，可对 Mobileye 设备进行个性化配置，配置 CAN 消息 ID 分别是 0x400、0x401、0x402、0x403。

本课程只介绍标准警告输出协议，其余的通信协议可以通过官方通信协议手册进行详细地了解。

1）消息预览见表 6-1。

表 6-1 消息预览

消息类别	Can ID	消息描述
C2 Display and warnings（C2 显示和报警信息）	0x760	Provides data about（提供的数据有）： 1）Display sound type（报警音类型） 2）Lane Departure Warning left and right（左右车道线偏离预警） 3）Low Speed detection off（低速检测关闭） 4）Headway in seconds（车头时距） 5）FCW（前向碰撞预警） 6）Pedestrian detection and warning（行人探测和预警） 7）Hi/Low beam decision（远 / 近光灯判定） 8）HMW level（车距过近报警级别） 9）Failsafe events：Low visibility，Maintenance（故障安全事件：低可视度、需维护） 10）TSR Warning Level（交通标符识别报警级别） 11）Tamper Alert（干涉警告）

2）Can 消息定义 0x760 见表 6-2。

表 6-2　Can 消息定义

位	7(msb)	6	5	4	3	2	1	0(lsb)
字节 0	未记录				时间指示	报警音类型 (0~7)*		
字节 1	保留		0 速	保留				0x0
字节 2	车头时距检测						前车有效检测	
字节 3	错误代码						0x0：错误 0x1：未出错	
字节 4	故障安全	需维护（错误）	未记录		前向碰撞预警打开	右车道线偏离预警打开	左车道线偏离预警打开	车道线偏离预警关闭
字节 5	TSR 功能启用	保留	干涉告警	保留		危险区域行人预警系统	前碰撞预警系统	0x0
字节 6	保留					交通标志符识别报警级别		
字节 7	保留					车距过近重复启用	车头报警级别	

3）Sound type（报警音类型）见表 6-3。

数据类型：Unsigned char（无符号字符型）。

表 6-3　报警音类型

信号值	含义
0	Silent（静音，未发出报警音）
1	LDW Left（车道左偏离预警）
2	LDW Right（车道右偏离预警）
3	HW1（车距过近报警）
4	TSR（if enabled via EyeWatch M5 only）（交通标志识别报警 / 限速警示，需要确认已开启）
5	UFCW（城市前碰撞预警）
6	FCW+PCW（前碰撞报警 / 行人碰撞报警）

4）Peds in DZ 和 Peds FCW 和 FCW on。

- FCW on

数据类型：bool，Unsigned int（布尔型）。

表明发生前碰撞预警事件。

（注：该字段的值在整个预警期间将持续为 1-ON）

- Peds in DZ

数据类型：Unsigned int（无符号整型），信号值含义见表 6-4。

表 6-4 信号值含义

信号值	含义
0	危险区域有行人
1	危险区域无行人

- Peds FCW

数据类型：Unsigned int（无符号整型），信号值含义见表 6-5。

表 6-5 信号值含义

信号值	含义
0	无前碰撞预警
1	有前碰撞预警

说明：只有在 FCW on 为 1 的时候，Peds in DZ 和 Peds FCW 才有效。

5）Zero speed（0 速）。

数据类型：bool（布尔型），信号值含义见表 6-6。

表 6-6 信号值含义

信号值	含义
0	本车停止
1	本车运动，非 0 速

6）Headway Valid（前车探测有效位）

数据类型：bool（布尔型），信号值含义见表 6-7。

表 6-7　信号值含义

信号值	含义
0	本车行车路径上近距离无车
1	当探测到本车行车路径上近距离有车时该位为 ON=1

7）Headway measurement（车头时距测量值）

数据类型：Unsigned char（无符号字符型）。

单位：0.1s（显示的数值为十六进制数，例如 1.0s 对应的报文数值为 0x0A）。

数值范围：0~9.9。

8）LDW Off（车道偏离报警功能关闭）

数据类型：bool（布尔型），信号值含义见表 6-8。

表 6-8　信号值含义

信号值	含义
0	车道偏离预警处于开启状态
1	表示车道偏离报警被关闭（因为速度过低或报警级别参数配置原因）

9）Left/Right LDW On（车道左偏离报警/车道右偏离报警）

数据类型：bool（布尔型），信号值含义见表 6-9。

表 6-9　信号值含义

信号值	含义
0	无左/右车道偏离预警事件发生
1	表示车道左偏离报警/车道右偏离报警事件的发生

注：车道偏离报警仅在 5 个连续的数据帧中为 1-ON，不管真实事件持续时长。

10）TSR Enabled（TSR 功能启用）

数据类型：bool（布尔型），信号值含义见表 6-10。

表 6-10　信号值含义

信号值	含义
0	表示 TSR 功能是关闭的
1	表示 TSR 功能是开启的

注：只要启用了 TSR 功能，该值就一直为 1-ON。

岗位任务七 智能视觉传感器接入与调试

本课程以汽车工业界常用的 Mobileye 视觉传感器为例。

1. 设备参数

设备参数见表 6-11。

表 6-11 设备参数

参数类别	参数名称	参数说明
视觉传感器	传感器型号	Aptina MT9V024（1/3″）
	阵列格式	全部：752H×480V- 启动 像素：640×480
	视场角	38°
	光学格式	1/3″
	像素尺寸	6.0μm × 6.0μm
	动态范围	>55dB 线性 >100dB HDR 模式
	AGC	高动态范围图像传感器的自动增益控制
视觉处理器	处理器型号	EYEQ2 视觉处理器
	MIPS	两个 MIPS24KF（工业级微处理器）32bit CPU
	时钟频率	332MHz 时钟频率
	计算引擎	8 个 64bit 视觉计算引擎
	DMA	八通道 DMA
	SRAM	64bit 宽 512kB 芯片内置 SRAM
	待机电流	10uA@12V 10uA@24V
	最大功率	5.2W
环境特征	工作温度	−20~85℃
	储存温度	−40~105℃

2. 硬件清单

硬件清单见表 6-12。

表 6-12 硬件清单

设备名称	实物图	功能说明
Mobileye 主机		Mobileye 主机
EyeWatch		报警显示器
线束		包含 EyeWatch 线束、EyeCAN 线束及与车内总线连接的信号线

3. 硬件连接示意图

硬件连接如图 6-1 所示。

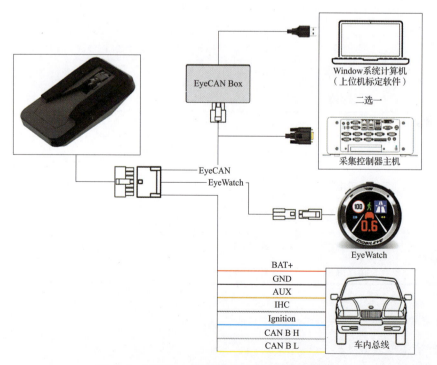

图 6-1 Mobileye 视觉传感器硬件连接示意图

其他说明：

1）智能视觉摄像头需要先进行标定，通过 EyeCAN Box 与安装有上位机标定软件的计算机相连，用上位机软件进行标定。

2）智能视觉摄像头的报警输出信息是通过 EyeCAN 总线输出的，经 DB9 接头跟采集控制器主机的 CAN 口连接，智能摄像头 CAN 数据采集。

4. 安装标定

Mobileye 是一款专业的智能视觉摄像头，功能强大，需要专业的工程师对其进行安装标定才能更好地发挥功能。本课程主要介绍如何通过 CAN 总线采集该款摄像头输出的 ADAS 报警信息，安装标定过程仅做简要介绍。

（1）安装

1）信号线连接。按照硬件连接示意图（图 6-2），将 mobileye 设备必须的信号线与车内总线连接，信号线连接说明见表 6-13。

表 6-13 信号线连接说明

信号线标签	信号线颜色	连接说明
BAT+	红色	连接车内蓄电池正极，12~24V（必须）
GND	黑色	连接车内蓄电池负极（必须）
Ignition	蓝色	连接车内点火信号线束上，用作设备的起动开关（必须）
CAN B H	灰白色	连接车内 Body-CAN 总线上，用来获取车速信息（必须）
CAN B L	黄色	
AUX	橘色	模拟信号线，可以连接至车辆中任何模拟信号线束上，例如左/右转向灯线束，刮水器线束（可选）
IHC	深灰色	车内远近光灯线束上，可根据情况控制远/近光灯的切换（可选）

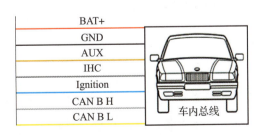

图 6-2 Mobileye 视觉传感器信号线连接示意图

2）摄像头安装。

- 摄像头最好安装在前风窗玻璃内部正中间位置。
- 如果是乘用车，建议安装高度 ≥ 1.2m。
- 如果是商用车，风窗玻璃最底部。

3）EyeWatch 安装。

- EyeWatch 应该安装在仪表板的上面，既不影响驾驶人视野，又能让驾驶人轻松方便地看到，并可以很轻松地去操控该装置。
- 不能粘贴在风窗玻璃上，因为该装置在运行过程中会升温，有安全隐患。
- 不能安装在安全气囊工作区域。

（2）标定

1）准备标靶。

图 6-3 所示为 Mobileye 标配的用于标定的标靶，标定前需要放置在车的正前方。

2）运行软件。

标定时，需要借助 EyeCAN Box，将其 USB 接口连接至计算机的 USB 端口，然后运行 Mobileye 标定软件，如图 6-4 所示。

图 6-3　Mobileye 标靶

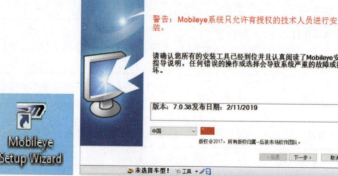

图 6-4　标定软件图标 & 运行界面

3）车辆数据库选择。

标定软件里已经内置的车辆数据库包含绝大多数车型的总线数据，由此可知电缆在车辆中的位置及其颜色。Mobileye 设备通过该 CAN 总线实时获取到车辆速度，如图 6-5 所示。

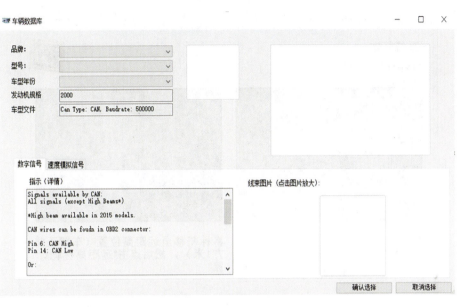

图 6-5　车辆数据库选择

4）连接 Mobileye 设备，如图 6-6 所示。测量摄像头的安装高度、标靶距离保险杠的距离、车辆两前轮宽度和摄像头距离风窗玻璃边缘距离，并把这些信息输入给标定软件进行标定，如图 6-7 所示。

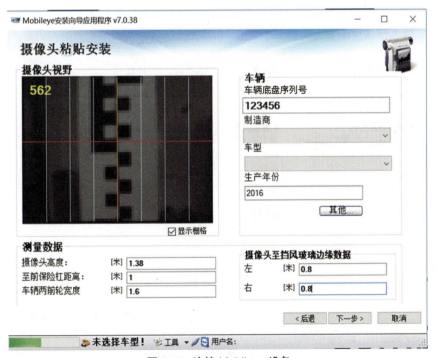

图 6-6　连接 Mobileye 设备

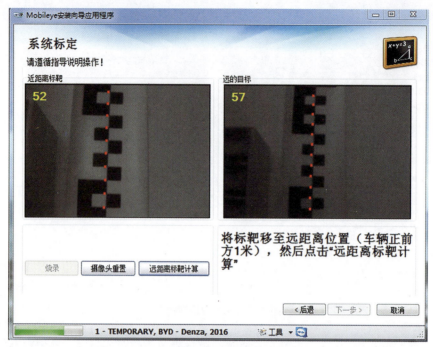

图 6-7 系统标定

5）警告敏感度调整，如图 6-8 所示。

图 6-8 警告敏感度调整

6)信号测试,如图 6-9 所示。

图 6-9　信号测试

7)标定完成。

5. ROS 环境下调试

智能视觉传感器采用的是 CAN 总线接口,在模块七会详细介绍总线接口类的采集过程,此处不再赘述。

6. 反思与总结

1)智能视觉传感器在 ROS 环境下的调试完成情况:

2)在完成任务的过程中遇到的问题:

3)是如何来解决这些问题的:

思考与练习

一、判断题

1. 视觉传感器与摄像头都是用于图像识别，功能完全一样，只是称谓不同。（   ）
2. 智能视觉传感器由于传输数据过大一般不支持CAN网络数据输出。（   ）

二、填空题

1. Mobileye EyeQ4 智能前视摄像头主要能识别并输入以下目标信息：(   )、(   )、(   )、(   )、(   )、(   )。
2. 智能视觉传感器是将图像的（   ）、（   ）与（   ）功能集成于单一相机内，从而提供了具有（   ）、（   ）、（   ）、（   ）的机器视觉解决方案。
3. Mobileye 智能视觉传感器的功能非常多，通信协议也非常全面，按照类别可以分为四大类分别是：（   ）、（   ）、（   ）、（   ）。

三、简答题

简述视觉传感器在智能网联汽车中的应用。

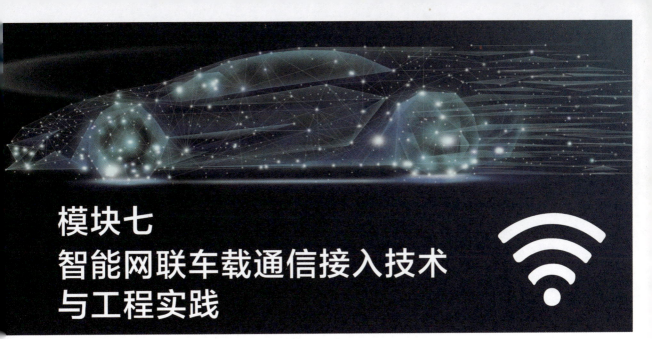

模块七
智能网联车载通信接入技术与工程实践

学习目标

知识目标

- 能列举智能网联车载通信的类型及其优缺点。
- 能描述汽车各种总线的网络协议分层结构及其网络帧。
- 能描述汽车 CAN 总线的通信接口中 DBC 文件。
- 能描述车载以太网的优势、拓扑结构、链路层协议、应用层协议。
- 能熟练运用智能网联车载通信数据采集相关的专业术语。

技能目标

- 能辨别汽车总线的类型以及其信息传输的过程。
- 能实施汽车总线在 ROS 环境下调试。

素质目标

- 养成查阅资料的学习习惯，并提高结合实际的能力。
- 了解现阶段使用的智能网联车载通信技术，熟悉各类车载通信网络的特点及其使用，可在不同的需求下进行车载通信网络选择。

一、汽车总线技术

随着汽车各系统的控制逐步向自动化和智能化转变，汽车电气系统变得日益复杂。传统的电气系统大多采用点对点的单一通信方式，相互之间少有联系，这样必然会形成庞大的布线系统。另外，为了满足各电子系统的实时性要求，必须对汽车公共数据（如发动机转速、车轮转速、加速踏板位置等信息）实行共享，而每个控制单元对实时性的要求又各不相同。传统的电气网络已经不适合现代汽车电子系统的发展，因此产生了汽车总线。

汽车总线技术是汽车内部导线采用的总线控制的一种技术。随着电子技术的发展和汽车的广泛应用，汽车的电子化程度越来越高。从发动机控制系统到传动系控制系统，行驶、制动、转向、安全保证系统以及仪表报警系统共同形成一个复杂的大系统。

汽车总线主要有 CAN 总线（控制器局域网）、LIN 总线（局部互联协议）、CAN FD 总线、FlexRay 总线及用于汽车多媒体、导航的 MOST 总线等。

（一）CAN 总线

1. CAN 总线的概述

CAN 总线（Controller Area Network，控制器局域网），是德国博世公司在 1985 年为了解决汽车上众多测试仪器与控制单元之间的数据传输而开发的一种支持分布式控制的串行数据通信总线。国际标准化组织（ISO）在 1993 年提出了 CAN 总线的国际标准 ISO 11898，使得 CAN 总线的应用更标准化和规范化。

在汽车产业中，由于系统通信的数据类型和可靠性的要求不同，多条总线构成的情况很多，线束的数量也随之增加。为了减少线束的数量，通过多个 LIN 总线进行大量数据的高速通信，由此产生了 CAN 总线，如图 7-1 所示。

CAN 总线分为高速 CAN 总线和低速 CAN 总线。高速 CAN 总线是动力型总线，采用硬线，速度为 500kbit/s，主要连接 ABS、ECD 等；低速 CAN 总线是舒适型总线，速度为 125kbit/s，主要连接仪表、防盗系统。

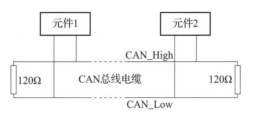

图 7-1 CAN 总线结构示意图

目前，CAN 总线是国际上应用最广泛的汽车总线之一，它的数据信息传输速率最大为 1Mbit/s，属于中速网络，通信距离（无需中继）最远可达 10km，最有可能成为世界标准的汽车局域网。

2. CAN 总线的特点

CAN 总线的通信介质一般为双绞线，还可以通过同轴电缆和光导纤维传导。媒体访问方式为位仲裁，是一种多主 CAN 总线。CAN 总线为时间触发的实时通信，其总线仲裁方式采用载波侦听多路访问的冲突检测（CSMA/CD）法。CAN 总线具有以下特点：

（1）多主控制

多主控制是指在总线空闲时间，所有单元都可以开始发送消息；最先访问总线的单元可获得发送权（CSMA/CA 方式）；多个单元同时开始时，发送高优先级 D（标识符）消息的单元可获得发送权。

（2）消息发送

CAN 协议中，所有的消息都是用固定格式发送。总线空闲时，所有与总线相连的单元都可以开始发送新消息。两个以上的单元同时开始发送消息时，根据 ID 决定优先级。ID 并不是表示发送的目的地址，而是表示访问总线的消息的优先级。两个以上的单元同时开始发送消息时，对各消息 ID 的每个位进行逐个仲裁比较。仲裁获胜（被判定为优先级最高）的单元可继续发送消息，仲裁失利的单元则立刻停止发送并进行接收工作。

（3）系统的柔软性

与总线相连的单元没有类似于"地址"的信息。增加单元时，连接总线其他单元的软硬件和应用层不需要改变。

（4）高速与远距离

随着通信距离的不同，传输速度也会随着变化。小于 40m 的通信距离，传输速度可达 1Mbit/s；距离达到 10km 时，传输速度达到 5kbit/s。

（5）错误检测功能

发送消息的单元检测出错误，会强制结束发送；强制结束发送的单元会不断发送，直到成功发送为止。

（6）故障封闭

总线上发生持续错误时，总线可以将错误单元隔离出去。

（7）连接

CAN 总线理论上连接单元没有数量限制。实际使用中会受到总线上时间延迟和电气负载的限制。

CAN 总线具有实时性强、价格低、可靠性强、结构简单、互操作性好、传输速度快、灵活性高、协议具有完整的错误处理机制等特点，在车载网络上得到了广泛的应用。

3. CAN 总线通信

CAN 总线协议分层结构包括了 ISO 规定 OSI（Open System Interconnection）的 7 层参考模型中有物理层、数据链路层、应用层。CAN 协议与 OSI 7 层参考模型的比较以及对应三层的总线功能，如图 7-2 所示。

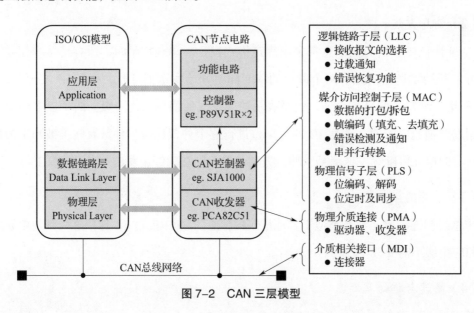

图 7-2　CAN 三层模型

4. CAN 总线网络帧

依据 J1939 协议，CAN 数据网络传输的帧主要包括数据帧、远程帧、错误帧和过载帧。

数据帧用于传输数据，主要由帧起始、仲裁场、控制场、数据场、CRC 场、ACK 场和帧结束组成，如图 7-3 所示。

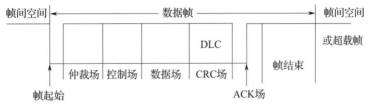

图 7-3 数据帧结构

远程帧主要用于接收单元向发送单元请求主动发送数据，包含数据帧中除了数据段以外的部分，其实质是没有数据段的数据帧，结构如图 7-4 所示。

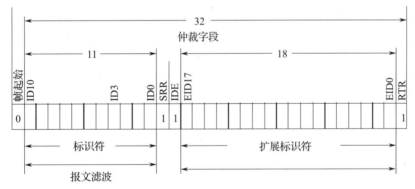

图 7-4 远程帧结构

错误帧用于在接收和发送消息时检测出错误并向网络节点通知错误发出的帧，主要包含错误标志和错误界定符，结构如图 7-5 所示。

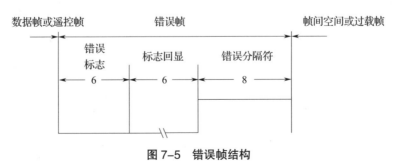

图 7-5 错误帧结构

过载帧传输过程中，当总线数据传输量过大，接收节点对接收的数据无法及时处理时，会在相邻的两个数据帧之间穿插发送一个过载帧，以告求发送节点延迟下一帧消息的发送。过载帧由过载标志叠加区和过载界定符组成，结构如图 7-6 所示。

图 7-6　过载帧结构

（二）LIN 总线

1. LIN 总线的定义

LIN（Local Interconnect Network，局部连接网络）也称为局域网子系统，是专门为汽车开发的一种低成本串行通信网络，用于实现汽车中的分布式电子系统控制。LIN 的数据传输速率为 20kbit/s，属于低速网络，媒体访问方式为单主多从，辅助 CAN 总线工作。在不需要 CAN 总线的带宽和多功能的场合，使用 LIN 总线可大大降低成本。

LIN 总线是由多个公司提出的一种汽车底层网络协议，属于新型汽车子总线系统。其设计的主要目的是给出一个低价、性能可靠的低速网络，定位于汽车网络层次结构的低端网络通用协议，用来取代目前的低端总线系统，从而降低了汽车上电子系统的开发、生产、使用和维护平台的费用。LIN 技术规范中除定义了基本协议和物理层外，还定义了开发工具和应用软件接口。图 7-7 所示为 LIN 总线系统结构。

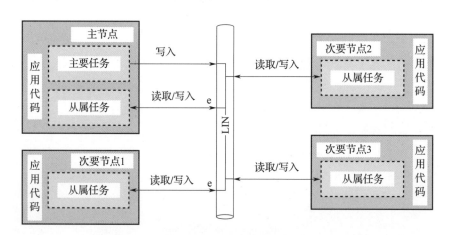

图 7-7　LIN 总线系统结构

2. LIN 总线的特点

1）LIN 总线的通信是基于 SCI 数据格式，媒体访问采用单主节点、多从节点的方式，数据优先级由主节点决定，灵活性好。

2）一条 LIN 总线最多可以连接 16 个节点，共有 64 个标识符。

3）LIN 总线采用低成本的单线连接，传输速率最高可达 20kbit/s。

4）不需要进行仲裁，同时在从节点中无需石英或陶瓷振荡器，只采用片内振荡器就可以实现自同步，从而降低了硬件成本。

5）几乎所有的 MCU 均具备 LIN 所需硬件，且实现费用较低。

6）网络通信具有可预期性，信号传播时间可预先计算。

7）通过主机节点可将 LIN 与上层网络（CAN）相连接，实现 LIN 的子总线辅助通信功能，从而优化网络结构，提高网络效率和可靠性。

8）总线通信距离最大不超过 40m。

LIN 总线规范中，除定义了基本协议和物理层外，还定义了开发工具和应用软件接口。因此，从硬件、软件以及电磁兼容性方面来看，LIN 总线保证了网络节点的互换性。这极大地提高了开发速度，同时保证了网络的可靠性。

3. LIN 总线通信系统网络结构

图 7-8 所示为 LIN 总线通信系统网络结构，LIN 由一个主节点和多个从节点组成，所有节点都有一个通信任务。该通信任务分为发送任务和接收任务，主节点还有一个主发送任务。主控制器发送一个报文，该起始报文由同步断点和同步字节消息标志符组成。在接收并且滤除消息标志符后，一个从任务被激活并开始本消息的应答传输。该应答由 2 个、4 个或者 8 个 byte 和 1 个校验码组成。一般网络节点总数不得超过 16 个。所有网络节点都包括一个从任务，提供通过 LIN 总线传输数据，主节点除了从任务包括一个主任务，负责启动网络中的通信，如图 7-8 所示。

图 7-8　LIN 总线通信系统网络结构

4. LIN 总线网络通信方式

LIN 总线网络的数据通信主要包括主—从通信模式和从—从通信模式，两种通信模式都由主节点控制，有各自的优势和劣势。

1）主—从通信模式主节点传输信息 ID，进而发送数据传输命令。网上所有 LIN 节点将该信息进行转换，然后再进行相应的操作。根据主—从通信模式，主节点内部有一个从节点正在运行。它对正确的 ID 进行响应，然后将规定的比特传输到 LIN 总线。不同 LIN 节点在网络中都拥有完整的 LIN 帧，同时还按照各自的不同应用提供主节点数据和流程。例如主节点可能希望所有门锁都打开，这样每个门锁节点被设定为对单个信息进行响应，然后完成开锁；或者主节点可能传输 4 条不同信息，然后有选择性地打开门锁。

主—从通信模式将大部分调度操作转移到主节点上，从而简化其他节点操作。因此，LIN 从节点硬件大幅减少，甚至可能减少为单个状态设备。由于主节点能够同时与所有节点通信，已知信息和要求的 ID 数量都大大减少。主节点将所有数据通信发送到全部节点，然后在所有数据传输到其他设备之前从节点上接收该数据，这样可以检查传输数据的有效性。该操作允许主节点所有通信进行监测，减少并消除潜在错误。

但是，这种通信模式速度缓慢，LIN 节点很难及时地接收和处理数据，并有选择性地将它传输给其他节点。

2）与主—从通信模式相比，从—从通信模式更迅速。各个信息帧上的节点共用信息，从而极大地提高响应速度。例如，单个信息可以打开两扇车窗、关闭一个车门，打开三个车门或者移动车窗。这样就可以明显减少网上的数据流量。

但是，从—从通信模式有其局限性，各个从节点的时钟源未知，因此节点将数据传输到网络时（根据主节点请求），数据可能发生漂移。主节点有一个精确度很高的时钟，数据漂移有较大的误差范围，但另一个接收数据的 LIN 从节点没有，这会导致数据误译。这种情况下，主节点不显示，从—从通信模式已经失效。

5. LIN 报文帧

LIN 总线上传输的数据有确定的格式，称作报文帧，它由报头和响应组成，如图 7-9 所示。其中，报头由主任务提供，响应由主任务或从任务提供。可以看出，报头由同步间隔场、同步场和标识符场组成；响应由数据场和校验和场组成；报头和响应由帧内响应空间分隔。

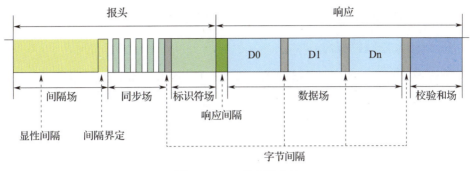

图 7-9　LIN 总线报文帧

同步间隔表示 LIN 报文帧的开始是由主任务产生的，告诉从任务为即将传送的帧做好同步准备；同步场包含时钟的同步信息。在 8 个位定时中有 5 个下降沿和 5 个上升沿，使从任务能与主时钟同步；标识符场描述报文的内容和长度，数据场由 8 位数据的字节场组成；校验和场是帧的最后一部分，它是以 256 为模的所有数据字节算术和的反码。

（三）CAN FD 总线

1. CAN FD 总线概念

为了进一步提高传输速率，传统的 CAN 总线无法满足市场需求，因此产生了 CAN FD 总线。CAN FD 总线是 CAN 总线的升级版。

CAN FD 提高了 CAN 总线的网络通信宽带，改善了错误帧漏检率，大部分的物理层不变。这种特性使 ECU 供应商不需要对 ECU 软件作出大规模修改便可提升汽车通信网络。

2. CAN FD 的改进

1) CAN FD 采用两种方式提高通信效率：一种方法为缩短时间提高位速率；另一种方法是加长数据场长度、减少报文数量、降低总线的负载率。

2) 在控制场中的 BRS 位到 ACK 场之前为可变速率，其余部分为 CAN 原速率。他们采用不同的位时间单位 Tq 外，位时间各段分配的比例也不同。

3) CAN FD 的数据长度做了扩大，DLC 最大可以支持 64byte，DLC 与 CAN 总线一样。

4) CAN FD 总线协议标准化过程中，通信的可靠性得到了提高。当 DLC 大于 8byte 时，CAN FD 总线采用了两种新的 BCH 型和 CRC 型。

（四）FlexRay 总线

1. FlexRay 总线的概念

FlexRay 是一种用于汽车的高速可确定性的、具备故障容错的总线系统。汽车中的控制器件、传感器和执行器之间的数据交换主要是通过 CAN 网络进行的。然而新的 X-by-wire 系统设计思想的出现，导致车辆系统对信息传送速度尤其是故障容错与时间确定性的需求不断增加。FlexRay 通过在确定的时间槽中传送信息，以及在两个通道上的故障容错和冗余信息的传送，可以满足这些新增加的要求。

2. FlexRay 总线网络特点

FlexRay 总线网络具有以下特点：

1）数据传输速率高。FlexRay 网络最大传输速率可达 10Mbit/s，双通道总数据传输速率可达 20Mbit/s，因此，应用在车载网络上，FlexRay 的网络带宽可以是 CAN 网络的 20 倍。

2）可靠性好。FlexRay 能够提供很多 CAN 网络所不具有的可靠性特点，尤其是 FlexRay 具备的冗余通信能力。具有冗余数据传输能力的总线系统使用两个相互独立的信道，每个信道都由一组双线导线组成。一个信道失灵时，该信道应传输的信息可在另一条没有发生故障的信道上传输。此外，总线监护器的存在进一步提高了通信的可靠性。

3）具有确定性。FlexRay 是一种时间触发式总线系统，它也可以通过事件触发方式进行部分数据传输。在时间控制区域内，时隙分配给确定的信息。一个时隙是指一个规定的时间段，该时间段对特定信息开放。对时间要求不高的其他信息则在事件控制区域内传输。确定性数据传输用于确保时间触发区域内的每条信息都能实现实时传输，即每条信息都能在规定时间内进行传输。

4）具有灵活性。灵活性是 FlexRay 总线的突出特点，反映在以下方面：支持多种方式的网络拓扑结构，点对点连接、串级连接、主动星形连接、混合型连接等；信息度可配置，可根据实际控制应用需求，为其设定相应的数据载荷长度；双通道拓扑既可用以增加带宽，也可用于传输冗余的信息；周期内静态、动态信息传输部分的时间都可随具体应用而改变。

为了满足不同的通信需求，FlexRay 在每个通信周期内都提供静态和动态通信段。静态通信段可以提供有界延迟，而动态通信段则有助于满足在系统运行时间内出现的不同带宽需求。FlexRay 帧的固定长度静态段用固定时间触发的方法来传输信息，而动态段则使用灵活时间触发的方法来传输信息。

3. FlexRay 网络拓扑结构

FlexRay 网络拓扑结构分为总线型拓扑结构、星形拓扑结构和混合型拓扑结构。

（1）总线型拓扑结构

总线型拓扑结构如图 7-10 所示，节点通过总线动器直接连接到总线的两个通道上。节点可以选择同时连接两条通信通道，进行双通道冗余或非冗余配置，也可以选择只连接一条通信通道。总线上任意一个节点都可以接收总线，且任意节点发出的信息可以被总线上的多个节点接收。

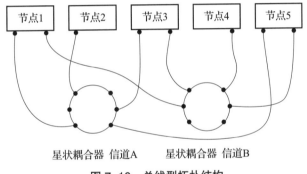

图 7-10　总线型拓扑结构

（2）星形拓扑结构

星形拓扑结构如图 7-11 所示，连接着 ECU 的有源星形设备，具有将一个分支的数据位流传输到所有其他分支的功能。有两个分支的有源星形设备可以被看成继电器或集线器以增加总线长度。

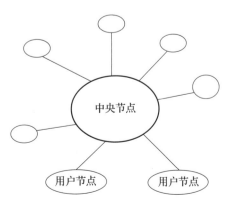

图 7-11　星形拓扑结构

（3）混合型拓扑结构

混合型拓扑结构如图 7-12 所示，由总线型拓扑结构和星型拓扑结构组成。混合型拓扑结构适用于较复杂的车载网络，兼具总线型拓扑结构和星型拓扑结构的特点，在保证网络传输距离的同时可以提高传输性能。

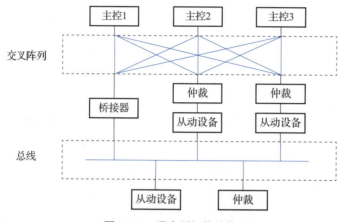

图 7-12　混合型拓扑结构

4. FlexRay 数据帧格式

FlexRay 数据帧格式由头部段、负载段和尾部段组成，如图 7-13 所示。

图 7-13　FlexRay 数据帧格式

（1）头部段

头部段包括 1 位保留位、1 位数据指示符（表示静态消息帧是否含 NM Vector 或动态消息帧是否包含信息 ID）、1 位空帧指示符（表示负载段的数据是否为空）、1 位同步帧指示符（表示是否为同步帧）、1 位启动帧指示符（表示是否为起始帧）、1 位帧 ID、7 位有效数据长度、11 位 CRC 循环校验码和 6 位循环计数位。

（2）负载段

负载段包含 0~254byte 的数据、信息和网络管理向量。

(3)尾部段

尾部段主要是 CRC 校验域。

FlexRay 网络上的通信节点在发送一个报文帧时,先发送头部段,再发送负载段,最后是尾部段。

(五) MOST 总线

1. MOST 总线定义

MOST 总线(Media Oriented Systems Transport,多媒体传输系统)是一个多媒体数据传输的网络系统。MOST 总线专门用于满足要求严格的车载环境。这种新的基于光纤的网络能够支持 24.8Mbit/s 的数据速率,与以前的铜缆相比,具有减轻重量和减小电磁干扰(EMI)的优势。

MOST 总线是使用光纤或双绞线作为传输介质的环形网络,可以同时传输音/视频流数据、异步数据和控制数据,支持高达 50Mbit/s 的传输速率。MOST 总线标准已经发展到第三代。MOST25 是第一代总线标准,最高可支持 24.6Mbit/s 的传输速率,以塑料光纤作为传输介质;第二代标准 MOST50 的传输速率是 MOST25 的 2 倍,除了采用塑料光纤作为传输介质,还可采用非屏蔽双绞线作为传输介质;第三代标准 MOST150,不仅最高可支持 147.5Mbit/s 的传输速率,还解决了与以太网的连接等问题,MOST150 将成为 MOST 总线技术发展的趋势。

MOST 总线是使用光纤或双绞线作为传输介质,支持 150Mbit/s 的传输速率。MOST 总线已发展到第三代,解决了与以太网连接问题。

2. MOST 总线的特点

1)物理层上,传输介质本身是有塑料保护套、内芯直径为 1 mm 的聚甲基丙烯酸甲酯光纤,OEM 供应商可以将一束光纤像电线一样捆成光缆。光纤传输采用波长为 650nm 红色的 LED 发射器。MOST 是非常普通的,允许采用多种拓扑结构,包括星形和环形,大多数汽车装置都采用环形布局。一个 MOST 网络中最多可以有 64 个节点。

2)传输速度快。

3)声音、图像的实时处理。

4)可以实现多种网络连接。

5)无论是否有主控机都可以工作。

6)支持数据同步和异步传输。

7)发送器或者接收器嵌有虚拟网络管理系统。

8)支持多种网络连接方式,提供 MOST 设备标准和简洁的应用系统界面。

9)MOST 减轻部件的线束重量、降低噪声。

10)光纤网络不受到电磁辐射干扰等影响。

3. MOST 总线的通信网络拓扑结构

MOST 总线网络以光纤为载体,布线时只需要单根光纤。MOST 网络支持一条物理数据线上同时传输音/视频等同步数据和数据包形式的异步数据。MOST 网络系统的经典拓扑结构为环形,各种组件通过一根塑料光纤连接,每个组件都称为网络的一个节点,如图 7-14 所示。

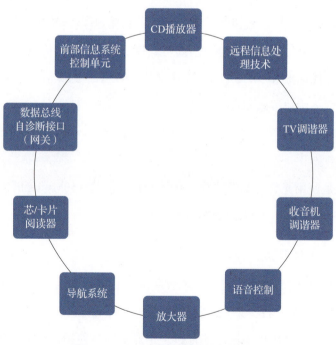

图 7-14 MOST 网络环形拓扑结构

常见的 MOST 总线网络有 3~10 个节点。一个时序主控负责驱动系统时钟、生成帧数据为 64byte 数据,可以满足不同的音频流的播放。环状拓扑中,每个节点代表多媒体设备。剩下的节点能充当从控者,一个节点充当用户控制界面。一般每个节点都是时序主控者。

4. MOST 网络分层结构

MOST 总线网络包括 ISO 规定的 OSI 模型的所有 7 层结构。

物理层对应光学和电气物理层；数据链路层对应的是网络接口控制器；网络层、传输层、会话层、表达层、应用层对应的是网络服务层和功能块。与之对应的硬件是光纤和电缆、智能网络接口控制器和外部控制器。

应用层主要是功能块以及对应的动态特性，功能块定义了"属性"和"方法"，构成应用层协议接口。"属性"用于描述功能块的相关属性，"方法"用于执行相应操作。应用层利用"属性"和"方法"，可以对整个 MOST 网络进行控制。

网络服务层分为网络服务基础层和网络服务接口层两部分。网络服务基础层主要提供管理网络状态、信息接收和发送驱动以及信道分配等底层服务；网络服务接口层提供与功能块的接口，包括命令解释等。

5. MOST 数据帧

MOST 数据帧的基本格式由传播流媒体数据同步数据区、传播数据包异步数据区和专门控制数据控制信道组成。

MOST25 的数据帧长度为 512bit，64byte；MOST50 的数据帧长度为 1024bit，128byte。MOST25 中，每一帧有 2byte 长度用于控制消息的传输，16 帧才能成一个控制信息块。

前导符占 4bit，每个节点是利用前导符与网络同步；边界描述符占 4bit，其由时间主节点确定，取值范围为 6~15，表明后面数据段同步区域异步区各自所占的带宽；同步区占 24~60byte，异步区占 0~36byte，它们的分界靠边界描述符限定；控制数据可以用控制信道进行传递。

二、汽车总线通信接口与协议

本节主要讲述在汽车总线中常用的 CAN 总线通信接口以及协议。

在汽车内 CAN 总线中，传递的信息被分成消息和信号两种，每个消息都有一个独立的 CAN ID，在车内总线中是唯一的，用来表征一类消息，比如发动机状态的消息，而每一个消息里面有很多的信号，每一个信号表征一个个独立的状态信息，比如发动机转速、发动机温度等信号。为了方便统一地表征这些消息和信号，需要用一个标准统一的文件进行表示，即 DBC 文件。

1. DBC 文件

DBC（data base CAN）文件是由德国 Vector 公司发布的，其代表的是 CAN 的数据库文件，通过该文件可以清楚地知道网络中传输的各个 CAN 报文的含义，报文的 ID，报文的信号，该报文从哪个节点发出，哪个节点进行接收等详细信息。CAN 网络上的节点就是通过该文件的描述信息进行无差错地协同工作的。

在 DBC 数据库文件中，数据被组织成 6 种不同的对象（图 7-15），用来表征一个 CAN 报文的详细信息：

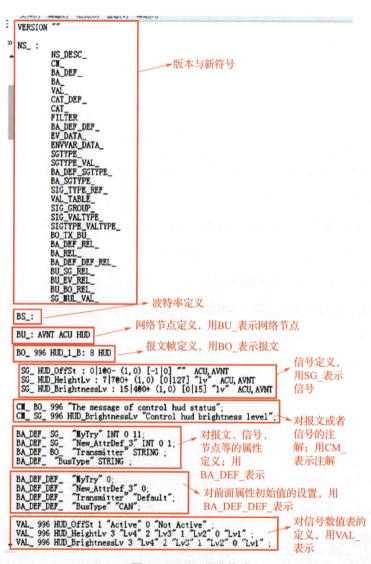

图 7-15 dbc 语法格式

（1）信号（Signal）

信号（Singal）代表了信息的最小单位，也就是一个"值"。例如发动机转速、开关的位置等。其主要的属性有：name、length、Byte order、Value type。

（2）报文信号（Mapped signal）

报文信号（Mapped signal）其实就是信号，区别在于当一个信号成为报文的组成部分时，它就会变成报文信号。因为它算是存在于报文中的，因此多了两个属性：

Startbit：起始位，也就是信号在报文中的位置。

Receivers：这个 Signal 会被哪个节点接收。

其他说明：一个信号可以包含在多个报文中，之后会变成多个不同的报文信号，这是为了 Singal 可以重用，数据库中其他对象都不能这样重用。

（3）报文（Message）

报文（Message）代表一条 CAN 报文，它就是在 CAN 总线上实际发送的内容。报文包含若干信号，有 name、ID、DLC、Transmitters 等属性。需要说明的是，理论上只有一个节点会是报文的发送者，不过 CANdb++ Editor 中可以设置多个。

（4）网络节点（Node）

网络节点（Node），它几乎代表了一个设备（ECU）。之所以说几乎，首先是因为 ECU 还包含了环境变量，其次是因为有一种特殊的 ECU 模型，它叫作网关（Gateway）。网关包含两个或更多节点。所以，节点+环境变量=ECU，节点的主要属性就只有 name 而已。

（5）环境变量（Environment variable）

环境变量（Environment variable），用来存储 ECU 中的数据，例如开关位置、传感器信号等。节点读写这些变量，同时，环境变量还能够被其他东西读写，例如虚拟传感器。环境变量的存在是为了更好地模拟 ECU 这个模型。节点利用环境变量和环境交换信息。

（6）ECU

ECU 其实是节点和环境变量的组合，代表真实世界的仪器设备。

DBC 文件可直接用文本文件打开并编辑，但是语法格式比较复杂，很难看懂，一般都需要借助相应软件进行更为直观地查看与编辑。在这里可以使用 Vector 公司 CANdb editor 软件，也可以采用 DBCView 软件。

图 7-16 所示为 DBC View 软件界面，显示的是该软件自带的一个 dbc 例子，一共有三个 ECU 节点，但是只有 PC 和 EL3160_60 有报文发出（图 7-17）。

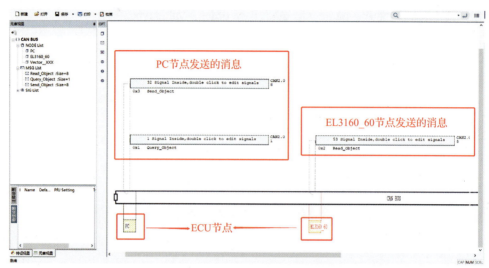

图 7-16　DBC View 界面

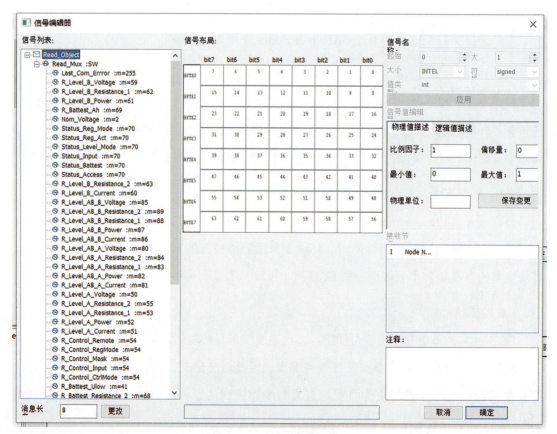

图 7-17　信号编辑器界面

2. 字节序

无论是标准帧，还是扩展帧，其数据域最长为 8byte，报文所包含的主要信息就包含其中，需要按照既定的协议解析里面的内容。

首先说两个概念：位序（bit order）和字节序（byte order）。

位序：是"位"的顺序，字节序是"字节"的顺序。为了区分，位序用小写字母表示，字节序用大写字母表示。

这里的"序"有两种：大端模式和小端模式。如果一个数值在内存中的地址是从左到右的话，即低地址存储的是高位，即大端模式，反之就是小端模式。从 CAN 总线角度说，就是发送顺序的区别，先发送高位就是大端模式，先发送低位就是小端模式，所以位序和字节序都有大端和小端，共有四种：

- msb：most significant bit
- lsb：least significant bit
- MSB：Most Significant Byte
- LSB：Least Significant Byte

CAN 总线协议中规定，位序都是大端模式，即 msb first，因此不需要区分。但对字节序没有规定，就出现了两种情况：摩托罗拉和英特尔格式。如果信号没有跨字节，则两种字节序没有区别，如果信号跨了字节，则信号值完全不一样，具体如下所述。

（1）摩托罗拉字节序

当一个信号的数据长度不超过 1 byte 并且信号在一个字节内实现时，信号的高位（S_msb）将被放在该字节的高位，信号的低位（S_lsb）将被放在该字节的低位，这样，信号的起始位就是该字节的低位。

当一个信号的数据长度超过 1byte 或者数据长度不超过一个字节但是采用跨字节方式实现时，该信号的高位（S_msb）将被放在低字节（MSB）的高位，信号的低位（S_lsb）将被放在高字节（LSB）的低位，这样信号的起始位就是高字节的低位。

摩托罗拉格式根据信号起始位置也分两种，一般是从信号值的低位开始的，例如一个信号 MotorolaSignal，其起始位为 12（信号值的低位），长度为 10，在 dbc 中，其排列顺序见表 7-1。

表 7-1 摩托罗拉字节序排列顺序

	bit7	bit6	bit5	bit4	bit3	bit2	bit1	bit0
BYTE0	7	6	MSB 5	4	3	2	1	0
BYTE1	15	14	13	LSB 12	11	10	9	8
BYTE2	23	22	21	20	19	18	17	16
BYTE3	31	30	29	28	27	26	25	24
BYTE4	39	38	37	36	35	34	33	32
BYTE5	47	46	45	44	43	42	41	40
BYTE6	55	54	53	52	51	50	49	48
BYTE7	63	62	61	60	59	58	57	56

注意其箭头的增长方向，提取该信号的值为（byte0 和 byte1 其他位都为 0 的情况下）：

MotorolaSignal=((byte0 << 8)+byte1)>>4 =(byte0 << 4)+(byte1 >> 4)

（2）英特尔字节序

当一个信号的数据长度不超过 1byte，并且信号在一个字节内实现时，该信号的高位（S_msb）将被放在该字节的高位，信号的低位（S_lsb）将被放在该字节的低位。

当一个信号的数据长度超过 1byte 或者数据长度不超过 1byte，但是采用跨字节的方式实现时，该信号的高位（S_msb）将被放在高字节（MSB）的高位，信号的低位（S_lsb）将被放在低字节（LSB）的低位，这样信号的起始位就是低字节的低位。

Intel 格式与小端格式一样，低地址代表低字节，高地址代表高字节。比如一个信号 Intel，它的起始位为 2，长度为 12，在 dbc 中，它的排列顺序见表 7-2。

表 7-2 英特尔字节序排列顺序

	bit7	bit6	bit5	bit4	bit3	bit2	bit1	bit0
BYTE0	7	6	5	4	3	LSB 2	1	0
BYTE1	15	14	MSB 13	12	11	10	9	8
BYTE2	23	22	21	20	19	18	17	16
BYTE3	31	30	29	28	27	26	25	24
BYTE4	39	38	37	36	35	34	33	32
BYTE5	47	46	45	44	43	42	41	40
BYTE6	55	54	53	52	51	50	49	48
BYTE7	63	62	61	60	59	58	57	56

要注意其箭头的增长方向，这样我们在提取该信号的值为（byte0 和 byte1 其他 bit 位都为 0 的情况下）：

Intel =（byte0 +（byte1 << 8））>>2 =（byte0 >> 2）+（byte1 << 6）

三、车载以太网

为了让汽车更安全、更智能、更环保，一系列的高级辅助驾驶功能喷涌而出。需求对传统的电子电器架构带来了严峻的考验，需要越来越多的电子部件参与信息交互，导致对网络传输速率、稳定性、负载率等方面都提出了更为严格的挑战，原有的 CAN、CAN FD 或者 MOST 等已经无法满足车辆现有的需求。

以太网（Ethernet）在计算机网络中应用广泛。它是局域网的一部分，节点通过介质（如双绞线或光纤）连接至交换机，通过交换机实现数据的转发。自 1980 年 IEEE 802.3 工作组成立以来，以太网技术已经经过多次迭代，完成了标准以太网（10Mbit/s）、快速以太网（100Mbit/s）、千兆以太网（1000Mbit/s）的跨越，传输速率得到了大幅提升。车载以太网在计算机以太网的基础上发展而来，是以太网在汽车领域的跨界应用。

车载以太网已成为未来车内通信的发展方向。2013 年宝马 X5 将车载以太网引入 360° 环视摄像头中，标志着车载以太网的首次"乘车"。宝马新一代汽车架构中已全面采用车载以太网，捷豹、帕萨特等也纷纷入场。造车新势力中，特斯拉在 Model 3 的 CCM 中采用车载以太网通信，蔚来 ES8 搭载千兆以太网，小鹏 P7 基于百兆以太网中央网关设计。

1. 车载以太网的优势

（1）高速传输

以太网带宽高、传输速度快，可以满足大量非结构化数据高速传输的需求。例如，车辆摄像头传输的高清视频数据需要很高的带宽和传输速度，而以太网可以轻松胜任这种需求。

（2）多任务处理

以太网可以同时处理多个数据流，实现多任务并行处理。这对于智能网联汽车应用非常重要，因为车辆需要处理来自多个传感器和模块的数据流，并及时作出反应。以太网的多任务处理能力可以提高车辆反应速度和安全性。

（3）可扩展性强

以太网具有良好的可扩展性，可以轻松地添加新的节点和设备。这意味着以太网可以满足未来智能网联汽车的扩展需求，而不必对整个电气电子系统进行重新设计。

（4）降低成本

由于以太网具有广泛的应用和成熟的技术，其设备和组件的成本相对较低。这降低了智能网联汽车的成本，提高了普及度。

2. 车载以太网的拓扑结构

计算机以太网与车载以太网均基于 OSI 参考模型。OSI（开放通信系统互联模型，Open Systems Interconnection）是为了统一不同网络通信协议而提出的参考模型，自上到下包括 7 层，分别为：应用层、表示层、会话层、传输层、网络层、数据链路层、物理层。计算机领域将应用层、表示层、会话层合并为应用层，提出 TCP/IP。基于 TCP/IP，OPEN Alliance、AVnu Alliance 等组织对其进行补充，最终形成适合车载领域的网络通信体系，如图 7-18 所示。

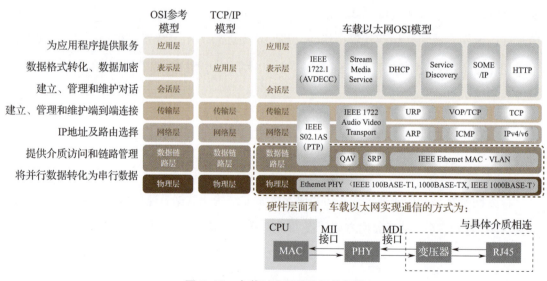

图 7-18 车载以太网网络拓扑结构

3. 车载以太网的链路层协议

汽车领域以太网对实时关键数据的传输问题，目前技术最成熟的两项技术是时间敏感网络（TSN）和时间触发以太网（TTEthernet）。

（1）TSN

以太网音视频桥接技术（Ethernet Audio/Video Bridging，AVB）是在传统以太网的基础上，使用精准时钟同步，通过保障带宽来限制传输延迟，提供高级别服务质量以支持各种基于音视频的媒体应用。IEEE 音频视频桥接（AVB）工作组在 2012 年 11 月正式更名为"时间敏感网络工作小组"（Time-Sensitive Networking，TSN）。

（2）TTEthernet

时间触发以太网（Time Triggered Ethernet，TTEthernet）是一种基于 802.3 以太网之上的汽车或工业领域的实时通信网络，允许实时的时间触发通信与低优先级的事件触发通信共存，使以太网具备满足高安全等级的系统要求的同时，依然可以承担对实时性要求不过分严格但仍然有高带宽的以太网传输需求。

TTEthernet 在时钟同步机制上引入了 IEEE 1588 V2 中的 P2P 透明时钟的概念，利用透明时钟、步固化函数、压缩函数的支持获得精确时钟。在同步时钟的基础上建立全双工交换式网络结构的周期性任务调度表，周期性任务表有静态与动态的两种使用方法。

TTEthernet 支持三种不同的消息类型，时间触发（TT）、速率约束（RC）和尽力而为（BE），见表 7-3。TT 消息优先于所有其他类型，而 RC 帧是保证提供预留的带宽，BE 帧可以看作标准以太网。

表 7-3　TSN 和 TTEthernet 对比

以太网技术	TSN	TTEthernet
消息类型	速率约束（RC） 实时通信 A，B 尽力而为（BE）	时间触发（TT） 速率约束（RC） 尽力而为（BE）
时间同步	IEEE 802.1AS 精准时钟定时和同步（gPTP）	IEEE 1588 V2
交换机技术	IEEE 802.1Qav 时间敏感流的转发和排队（FQTSS） IEEE802.1Qat 流预留协议（SRP）	TT 消息具有最高优先级 Time Triggered 周期性任务表

（续）

以太网技术	TSN	TTEthernet
数据帧格式 / Byte	Header：18 StreamID：8 TimeStamp：4 AVB stream data：34-1488 CRC：4	CT-Marker：4 CT-ID：2 TTEthernet-payload：46-1500 CRC：4

4. 车载以太网的应用层协议

应用层的协议多数是依托网络层的 IP，传输层的 TCP/UDP 来展开的，车载以太网的应用层协议主要是：UDPNM（网络管理协议）、DHCP（动态主机配置协议）、SOME/IP（服务中间件）、DoIP（诊断协议）以及 XCP（标定协议）等。

（1）UDPNM

UDPNM 是 AUTOSAR 组织制定的基于汽车以太网的网络管理协议，能够有效地实现车载以太网节点的协同睡眠和唤醒，其主要工作原理类似于 AUTOSAR 的 CANNM。正常情况下：应用层的 UDPNM+ 物理层 TC10 完成整个汽车以太网系统的休眠唤醒设计。

（2）SOME/IP

SOME/IP（Scalable service-Oriented MiddlewarE over IP）即运行于 IP 之上的可伸缩的面向服务的中间件，由宝马公司于 2011 年开发。它是一种中间件解决方案，可以在控制器之间实现面向服务的通信。更具体地说，SOME/IP 提供了广泛的中间件功能，例如序列化、远程过程调用（RPC）、服务发现和订阅，以使 ECU 软件能够相互通信。SOME/IP 协议作为和 DDS 同类的中间件协议，也成为 SOA 架构下重要协议类型。

（3）DoIP

基于以太网的诊断传输协议，能够将 UDS 进行封装并基于 IP 网络进行传输；应用于车辆检查和维修、车辆或 ECU 软件的重编程、车辆或 ECU 的下线检查和维修等，其主要工作原理类似于 Diagnostic over CAN（或称为 DoCAN）。

（4）XCP

XCP 全称 Universal Calibration Protocol，是由自动化及测量系统标准协会（Association for Standardization of Automation and Measuring Systems, ASAM）组织在 2003

年提出的可在不同的通信总线上进行标定的新型标定协议，这里的 X 代表在不同的传输层上传输（CAN、Ethernet、FlexRay、SCI、SPI、USB）。XCP-on-Ethernet 能够基于以太网进行车载控制器的标定，主要用于标定、测量、少量的编程和刷新（大部分刷新会利用诊断协议）、ECU 旁路功能等。基于以太网的 XCP 既可以使用 TCP，也可以使用 UDP。

岗位任务八 汽车总线接入与调试

1. ROS 环境下调试

（1）环境准备

采集控制器主机有多路 CAN，默认是关闭状态，需要打开：

1）设置 can 设备节点，波特率设置为 500kbit/s（以 can1 为例）。

```
sudo ip link set can1 up type can bitrate 500000
```

2）查看 can 设备节点状态。

```
ifconfig
```

```
hzhz@hzhz:~/catkin_ws$ sudo ip link set can0 up type can bitrate 500000
[sudo] password for hzhz:
hzhz@hzhz:~/catkin_ws$ sudo ip link set can1 up type can bitrate 500000
hzhz@hzhz:~/catkin_ws$ sudo ip link set can2 up type can bitrate 500000
hzhz@hzhz:~/catkin_ws$ sudo ip link set can3 up type can bitrate 500000
hzhz@hzhz:~/catkin_ws$ ifconfig
can0      Link encap:UNSPEC  HWaddr 00-00-00-00-00-00-00-00-00-00-00-00-00-00-00-00
          UP RUNNING NOARP  MTU:16  Metric:1
          RX packets:2070 errors:0 dropped:2070 overruns:0 frame:0
          TX packets:0 errors:0 dropped:0 overruns:0 carrier:0
          collisions:0 txqueuelen:10
          RX bytes:15370 (15.3 KB)  TX bytes:0 (0.0 B)
          Interrupt:19

can1      Link encap:UNSPEC  HWaddr 00-00-00-00-00-00-00-00-00-00-00-00-00-00-00-00
          UP RUNNING NOARP  MTU:16  Metric:1
          RX packets:0 errors:0 dropped:0 overruns:0 frame:0
          TX packets:0 errors:0 dropped:0 overruns:0 carrier:0
          collisions:0 txqueuelen:10
          RX bytes:0 (0.0 B)  TX bytes:0 (0.0 B)
          Interrupt:19

can2      Link encap:UNSPEC  HWaddr 00-00-00-00-00-00-00-00-00-00-00-00-00-00-00-00
          UP RUNNING NOARP  MTU:16  Metric:1
          RX packets:0 errors:0 dropped:0 overruns:0 frame:0
          TX packets:0 errors:0 dropped:0 overruns:0 carrier:0
          collisions:0 txqueuelen:10
          RX bytes:0 (0.0 B)  TX bytes:0 (0.0 B)
          Interrupt:19
```

（2）操作步骤

1）启动 Teminator 智能终端。

2）配置环境变量。

如果之前已经执行过如下配置，可省略这一步，这一步的目的就是把"source ~/catkin_ws/devel/setup.bash"这条命令，添加到 .bashrc 文件中，这样每当重新启动一个 shell 窗口时，都会自动执行该 source 命令，从而把本课程所用到的功能包路径配置到 ROS_PACKAGE_PATH 环境变量中。

```
echo "source ~/catkin_ws/devel/setup.bash" >> ~/.bashrc
source ~/.bashrc
```

可通过如下命令查询是否配置成功：

```
env |grep ROS_PACKAGE_PATH
```

```
hzhz@hzhz:~$ env |grep ROS_PACKAGE_PATH
ROS_PACKAGE_PATH=/home/hzhz/catkin_ws/src:/opt/ros/kinetic/share
```

3）启动 roscore。

```
roscore
```

```
hzhz@hzhz:~$ roscore
... logging to /home/hzhz/.ros/log/c3cd7e06-76c1-11ec-a37b-c400ad981614/roslaunch-hzhz-2245.log
Checking log directory for disk usage. This may take awhile.
Press Ctrl-C to interrupt
Done checking log file disk usage. Usage is <1GB.

started roslaunch server http://hzhz:33599/
ros_comm version 1.12.17


SUMMARY
========

PARAMETERS
 * /rosdistro: kinetic
 * /rosversion: 1.12.17

NODES

auto-starting new master
process[master]: started with pid [2256]
ROS_MASTER_URI=http://hzhz:11311/

setting /run_id to c3cd7e06-76c1-11ec-a37b-c400ad981614
process[rosout-1]: started with pid [2269]
started core service [/rosout]
```

4）新开一个 shell 窗口，启动 can（以 can1 为例）。

```
rosrun send_can_data send_can_data_node can1
```

只要 can1 接口上有报文数据，就会将其打印出来。

```
[ INFO] [1644763656.898244775]: can dlc 8
[ INFO] [1644763656.898269065]: can data[0-7] 1 1 148 0 67 16 30 24
[ INFO] [1644763656.898306666]: can_id 1283
[ INFO] [1644763656.898359045]: can dlc 8
[ INFO] [1644763656.898389440]: can data[0-7] 2 1 148 0 62 192 28 23
[ INFO] [1644763656.940143563]: can_id 1281
[ INFO] [1644763656.940208471]: can dlc 6
[ INFO] [1644763656.940219124]: can data[0-7] 3 116 67 0 126 223 0 0
[ INFO] [1644763656.940239597]: can_id 1283
[ INFO] [1644763656.940246785]: can dlc 8
[ INFO] [1644763656.940254191]: can data[0-7] 1 1 147 255 67 48 30 23
[ INFO] [1644763656.940299821]: can_id 1283
[ INFO] [1644763656.940310740]: can dlc 8
[ INFO] [1644763656.940318096]: can data[0-7] 2 1 147 255 87 176 28 22
[ INFO] [1644763656.940329582]: can_id 1283
[ INFO] [1644763656.940335534]: can dlc 8
[ INFO] [1644763656.940343925]: can data[0-7] 3 1 147 255 71 112 24 20
```

5）查看 can 数据。

```
rostopic echo /can1
```

```
header:
  seq: 237
  stamp:
    secs: 1644761353
    nsecs: 861795115
  frame_id: "can1"
id: 1283
is_rtr: False
is_extended: False
is_error: False
dlc: 8
data: [3, 1, 132, 0, 36, 0, 25, 22]
---
```

其他说明：每路 can 操作步骤是一样的，只要修改入参即可。

```
rosrun send_can_data send_can_data_node can0（或者 can1 或者 can2）
```

2. 反思与总结

1）汽车总线的调试完成情况：

2）在完成任务的过程中遇上的问题：

3）是如何来解决这些问题的：

思考与练习

一、判断题

1. 汽车总线是指汽车内部导线采用的总线控制的一种技术。（ ）
2. LIN 网络属于低速网络，是一种辅助总线，辅助 CAN 总线工作。（ ）
3. CAN FD 总线不是 CAN 总线的升级版，是一种新型总线。（ ）

二、填空题

1. FlexRay 网络拓扑结构分为（   ）、（   ）、（   ）。
2. MOST 数据帧的基本格式有（   ）、（   ）、（   ）。
3. FlexRay 总线网络特点有（   ）、（   ）、（   ）和（   ）。
4. 在汽车内 CAN 总线中，传递的信息被分成了（   ）和（   ）两种。
5. （   ）用来存储 ECU 中的数据，例如开关位置、传感器信号等。

三、简答题

1. 简述 CAN 总线的特点。

2. 简述 MOST 总线的特点。

3. 在 DBC 数据库文件中，用来表征一个 CAN 报文的详细信息的对象有哪几种？

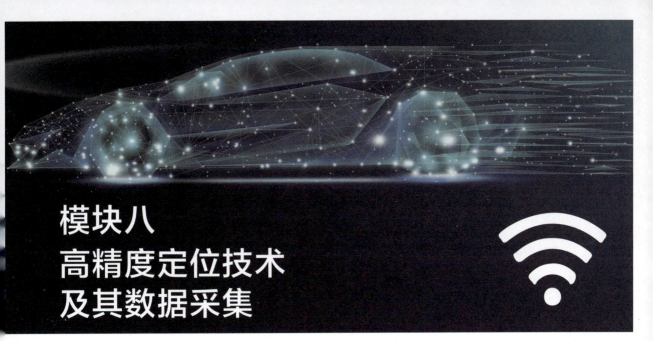

模块八
高精度定位技术
及其数据采集

学习目标

知识目标

- 能列举高精度定位的类型及其特点。
- 能解释高精度定位的定位原理及相关误差。
- 能描述高精度定位协议及通信接口的类型。
- 能熟练应用智能网联汽车高精度定位数据采集的相关专业术语。

技能目标

- 能区分高精度定位的类型及其定位原理。
- 能实施高精度定位的调试。

素质目标

- 养成查阅资料、勤于思考的学习习惯，提高结合实际的能力。
- 了解现阶段智能网联汽车高精度定位方式，提高对智能网联汽车高精度定位的认知。

一、高精度定位概述

智能网联汽车环境感知的另一项重要技术是精确导航服务,需要获取汽车与外界环境的相对位置关系,同时获得车身状态感知确定车辆的绝对位置与方位,其定位方式主要有以下几种。

(一) GNSS

1. GNSS 概述

GNSS(又称为全球导航卫星系统定位)是利用一组卫星的伪距、星历、卫星发射时间等观测量,同时还必须知道用户钟差。全球导航卫星系统是能在地球表面或近地空间的任何地点为用户提供全天候的三维坐标和速度以及时间信息的空基无线电导航定位系统。因此,如果你除了想知道经纬度,还想知道高度,那么必须收到 4 颗卫星才能准确定位,如图 8-1 所示。

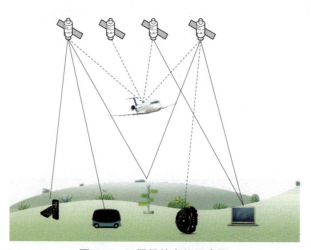

图 8-1 卫星导航定位示意图

卫星导航定位系统是星基无线电导航系统,以人造地球卫星作为导航台,为全球海陆空的各类军民载体提供位置、速度和时间信息,这些信息都具有全天候且高精度等特征,因而又被称作天基定位、导航和授时系统。卫星导航定位系统包括全球四大导航卫星系统，还有区域系统和增强系统。

美国的全球定位系统（Global Positioning System，GPS）、俄罗斯的全球卫星导航系统（Global Navigation Satellite System，GLONASS）、中国的北斗卫星导航系统（Beidou Navigation Satellite System，BDS）与欧盟的伽利略卫星导航系统（Galileo Satellite Navigation System）并称为全球四大导航卫星系统。

除了上述四大全球卫星系统外，还有一些其他已完成或正在建设的区域卫星导航系统，如日本准天顶卫星系统（Quasi-Zenith Satellite System，QZSS）、印度的区域导航卫星系统（Indian Regional Navigation Satellite System，IRNSS）等。其中，日本的QZSS的形式的主要目标是作为GPS的补充、作为GNSS的增强和提供信息服务，范围覆盖了亚太地区，提升灾害管理和有效维护国家安全的能力。随着系统卫星数量和密度的不断增加，QZSS从技术上可能升级为独立的卫星导航系统，提供完整的卫星导航功能。

星基增强系统（Satellite-Based Augmentation System，SBAS）是由美国实施选择可用性（Selective Availability，SA）政策而发展起来的。SBAS也主要由空间段、地面段和用户段构成。为了提升GPS的性能，满足不同用户对高精度、高完好性的需求，产生了相应的增强系统。例如，美国的WAAS（Wide Area Augmentation System）、俄罗斯的SDCM（System for Differential Corrections and Monitoring）、日本的MSAS（Multi-functional Satellite Augmentation System）、欧洲的EGNOS（European Geostationary Navigation Overlay Service）和印度的GAGAN（GPS Aided Geo Augmented Navigation）。这5个典型区域性星基增强系统被纳入GNSS中，可以提高单点卫星定位的稳定性和精度，从而实现1~3m甚至小于1m的定位精度。

地基增强系统（Ground-Based Augmentation Systems，GBAS）是卫星导航系统建设中的一项重要内容，可以大大提升系统服务性能。GBAS综合使用了各种不同效果的导航增强技术。主要包括精度增强技术、完好性增强技术、连续性和可用性增强技术，最终实现了增强卫星导航服务性能的功能。

我国的地基增强系统主要是北斗地基增强系统，属于国家重大信息基础设施，用于北斗卫星导航系统的定位精度和完好性。该系统由框架网基准站和加强密度网基准站、通信网络、数据处理系统、运营平台、数据播发系统和用户终端组成，具备在全国范围内为用户提供广域实时米级、分米级、厘米级和后处理毫米级定位精度的能力。北斗卫星导航系统具有作用范围广、精度高、野外单机作业等优点。

2. GNSS 定位原理与数据误差

依据后方交会定位原理，要实现 GNSS 定位，GNSS 定位需要解决两个问题：一是观测瞬间卫星的位置；二是观测点与卫星之间的距离，即卫星在某坐标系中的坐标。为此首先要立适当的坐标系来表征卫星的参考位置，而坐标又往往与时间联系在一起。因此，GNSS 定位是基于坐标系统和时间系统进行的。

（1）坐标系统与时间系统

卫星导航系统中，坐标系用于描述与研究卫星在其轨道上的运动、表达地面观测站的位置以及处理定位观测数据。根据应用场合的不同，选用的坐标系也不相同。坐标系统大概分为以下几类：地理坐标系、惯性坐标系、地球坐标系、地心坐标系和参心坐标系。国内常用的坐标系统有：1954 年北京 54 坐标系（Beijing 54 Coordinate System，P54）、1980 年国家大地坐标系（National Geodetic Coordinate System 1980，C80）、1984 年世界大地坐标系统（World Geodetic System–1984 Coordinate System，WGS-84）、2000 国家大地坐标系（Chin Geodetic Coordinate System 2000，CGCS2000）。

原子钟控制卫星发射的所有信号，大多数的卫星导航中，距离的测算都是通过信号传播时间来实现。时间系统主要包括：世界时、历书时、力学时、原子时、协调世界时、儒略日和卫星导航时间系统。其中 GNSS 采用了一个独立的时间系统作为导航定位计算的据，称为 GNSS 时间系统，简称 GNSST。GNSST 属于原子时系统，其秒长与原子时秒相同。

（2）定位原理

GNSS 是将空间的人造卫星作为参照点，首先确定一个物体的位置，根据几何原理可以证明，通过测量地球一点到三颗卫星之间的距离，对此点进行三角形的测定。从 GNSS 定位的基本原理可以得出，该方法的实质是测量学空间后方交会。由于 GNSS 采用单程测距，很难保证卫星钟和用户使用钟的同步。卫星钟差会将其参数进行修正。

假设地面测得某点 D 到卫星 A 的距离为 d_1，那么从几何学可知，D 点所在的空间可能位置集缩到这样一个球面上，此球面的球心为卫星 A，半径为 d_1。再假设测得 D 点到第二颗卫星 B 的距离为 d_2，同样意味着 D 点处于以第二颗卫星 B 为球心、半径为 d_2 的球面上。如果同时测得 D 点到第三颗卫星 C 的距离为 d_3，意味着 D 点也处于以第三颗卫星

C 为球心、半径为 d_3 的球面上，这样就可以确定 D 点的位置，也就是三个球面的交汇处，如图 8-2 所示。

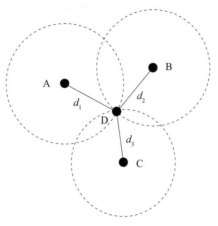

图 8-2 三球定位原理图

从 GNSS 进行定位的基本原理可以看出，GNSS 定位方法的实质，即测量学的空间后方交会。由于 GNSS 采用单程测距，且难以保证卫星钟与用户接收机钟的严格同步，因此观测站和卫星之间的距离均受两种时钟不同步的影响。卫星钟差可用导航电文中所给的有关钟差参数进行修正，而接收机的钟差大多难以精准确定，通常采用的优化做法是将其作为一个未知参数，与观测站的坐标一并求解，即一般在一个观测站上需求解 4 个未知参数（3 个点位坐标分量和一个钟差参数），因此至少需要 4 个同步伪距观测值，即需要同时视测 4 颗卫星。

用户的状态可由 GNSS 分为静态定位和动态定位。静态定位是将待定点固定不变，接收机对待定点进行重复观测。动态定位是指待定点处于运动状态，测定待定点在各观测时刻运动中的点位坐标，测定参数有速度、时间和方位等。此外，定位模式可分为绝对定位和相对定位。绝对定位是由一台接收器来定位，又称为单点定位，它所确定的是接收机天线在坐标系统中的绝对位置。相对定位是两台接收机安置于两个固定不变位置上，在一段时间进行同步观测，可以确定两个点之间的相对位置，从而获得高精度位置坐标。

（3）GNSS 数据误差

卫星导航系统的误差来源分为四类：与信号传播有关的误差、与卫星有关的误差、与接收器有关的误差、与地球转动有关的误差。

与信号有关的误差包括电离层延迟误差，对流层延迟误差及多径效应误差。与卫星有关的误差包括卫星星历误差、卫星时钟误差相对论效应等。与接收器有关的误差包括接收器时钟误差、位置误差和天线相位中心位置的偏差。与地球转动有关的误差包括地球潮汐、地球自转的影响。误差分类见表 8-1，下面列举几种常见的误差说明。

表 8-1 卫星导航系统误差

误差来源		对测距的影响 /m
与信号传播有关的误差	电离层延迟	1.5~15.0
	对流层延迟	
	多径效应	
与卫星有关的误差	星历误差	1.5~15.0
	时钟误差	
	相对论效应	
与接收机有关的误差	时钟误差	1.5~5.0
	位置误差	
	天线相位中心变化	
与地球转动有关的误差	地球潮汐	1
	负荷潮	

1）电离层延迟误差。电离层是处于地球上空 50~1000km 高度的大气层。该大气层中的中性分子受太阳射线的影响发生电离，产生大量的正离子与电子。在电离层中，电磁波的传输速率与电子密度有关，因此直接将真空中电波的传播速度乘以信号的传播时间得到的距离，与卫星至接收时间的真实几何距离可能不相等，这两种距离上的偏差叫电离层延迟误差。电离层延迟误差是影响卫星定位的主要误差源之一，它引起的距离误差较大，一般在白天可达到 15m 的误差，在夜晚则可以达到 3m 的误差；并且在天顶方向引起的误差最大可达 50m，水平方向引起的误差最大可达 150m。针对电离层延迟误差的改进措施通常包括利用双频观测、利用电离层模型辅以修正和利用同步观测值求差。

2）多径效应误差。接收机接收信号时，如果接收机周围物体所反射的信号也进入天线，并且与来自卫星的信号通过不同路径传播且于不同时间到达接收端，反射信号和来自卫星的直达信号相互叠加干扰。使原本的信号失真或者产生错误，造成衰落。这种由于多径信号传播所引起的衰落被称作多径效应，也称多路径效应。多经效应误差是卫星导航系统中一种主要的误差源，可造成卫星定位精确度的损害，严重时还将引起信号的失锁。改进措施通常包括将接收机天线安置在远离强发射面的环境、选择抗多径天线，适当延长观测时间，降低周期性影响、改进接收机的电路设计，改进抗多径信号处理和自适应抵消技术。

3）卫星星历误差。由星历所给出的卫星位置与卫星实际位置之差称为卫星星历误差。卫星星历误差主要由钟差、频偏、频漂等产生。针对卫星在运动中受到的多种摄动力的综合影响，对于目前的技术来说，要求地面监测站实现准确、可靠地测出这些作用力，并掌握其作用规律是比较困难的，因此卫星星历误差的估计和处理尤为关键。改进措施通常包括忽略轨道误差、通过轨道改进法处理观测数据、采用精密星历和同步观测值求差。

4）差分GNSS定位技术。为减少GNSS的误差，从而设计出差分GNSS定位技术。通过计算公共误差，通过相关的补偿算法而削弱部分误差，从而提高定位精度。差分GNSS的基本原理主要是在一定范围内设置一台或多台接收机，将一台接收机作为差分基准站，基准站通过接收信号与已知位置和距离数据进行比较，从而计算出差分校正量。基准站将差分校正量发送到其他的流动站进行数据校正，从而减少卫星时钟、卫星星历和电离层延时与对流层延迟引起的误差，提高精度。

流动站与差分基准站的距离越近，两点之间的误差相关性就越强，差分GNSS系统性能就越好。根据差分校正的目标参量不同，差分GNSS分为位置差分、伪距差分和载波相位差分。

①位置差分。如图8-3所示，通过在已知坐标点的基准站上安装GNSS接收机来对4颗或4颗以上的卫星进行实时观测，便可以进行定位，得出当前基准站的坐标测量值。实际由于误差的存在，通过GNSS接收机接收的消息解算出来的坐标与基准站的已知坐标是不同的。然后将坐标测量值与基准站实际坐标值的差值作为差分校正量。基准站利用数据链将所得的差分校正量发送给流动站，流动站利用接收到的差分校正量与自身GNSS接收机接收到的测量值进行坐标修改，位置差分是一种简单的差分方式，其传输的差分改正数少，计算简单。并且任何一种GNSS接收机均可改装和组成这种差分系统。但由于流动站与基准站必须观测同一组卫星，因此位置差分法的应用范围受到距离上的限制，通常流动站与基准站间距离不超过100km。

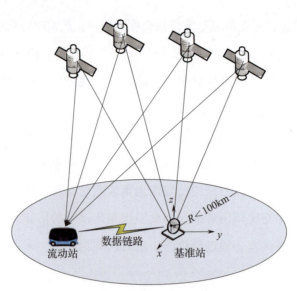

图 8-3 位置差分系统示意图

②伪距差分。如图 8-4 所示,伪距差分是在一定范围的定位区域内,设置一个或者多个 GNSS 接收器的已知点作为基准站,连续跟踪、观测所有在信号接收范围内的 GNSS 卫星伪距,基准站利用坐标得出卫星与基准站的实际几何距离,与观测所得的伪距比较,通过滤波器对此差值进行滤波并获得伪距修正值。接下来基准站将修正值发给流动站,流动站利用误差值修正 GNSS 卫星传输测量伪距。最后利用修正后的伪距进行定位。伪距差分的基准站与流动站的测量误差与距离存在很强的相关性,故在一定的范围内,流动站与基准站的距离越小,其使用 GNSS 差分得到的定位精度就会越高。

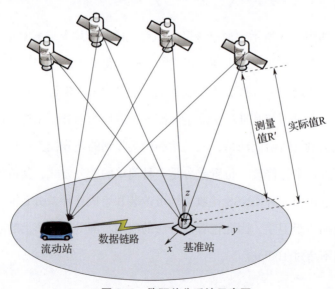

图 8-4 伪距差分系统示意图

③载波相位差分。GNSS 位置差分技术与伪距差分技术都能基本满足定位导航等的定位精度需求，但应用在自动驾驶中还远远不够，因此需要更加精准的 GNSS 差分技术，即载波相位差分技术。载波相位实现差分的方法有修正法和差分法。修正法与伪距差分类似，由基准站将载波相位修正量发送给流动站，以改正其载波相位观测值，然后得到自身的坐标。差分法是将基准站观测的载波相位测量值发送给流动站，使其自身求出差分修正量，从而实现差分定位。

载波差分技术的根本是实时处理两个测站的载波相位。与其他差分技术相比，载波位差分技术中基准站不直接传输关于 GNSS 测量的差分校正量，而是发送 GNSS 的测量原始值。流动站收到基准站的数据后，与自身观测卫星的数据组成相位差分观测值，利用组合后的测量值求出基线向量完成相对定位，进而推算出测量点的坐标。

然而，在使用载波差分法进行相位测量时，每一个相位的观测值都包含有无法直接观测载波的未知整周期数，称为相位整周模糊度。如何正确确定相位整周模糊度是载波相位测量求解中最重要，也是最棘手的问题。求解相位整周模糊度分为有初始化方法和无初始化方法。前者要求具有初始化过程，即对流动站进行一定时间的固定观测，一般需要 15min，利用静态相对测量软件进行求解，得到每颗卫星的相位整周模糊度并固定此值，便于在以后的动态测量中将此相位整周模糊度作为已知量进行求解。后者虽然称为无初始化，但实际上仍需要时间较短的初始化过程，一般只需要 3~5min，随后快速求解相位整周模糊度。因此两种求解相位整周模糊度的方法都需要具备初始化过程，并且在初始化后必须保持卫星信号不失锁，否则，就要回到起算点重新进行捕捉和锁定。

（二）惯性导航定位

惯性是所有质量本身的基本属性，建立在牛顿运动定律基础上的惯性导航系统不与外界发生任何光电联系，仅靠系统本身的就能对汽车进行连续地三维定位和三维定向。由于惯性导航系统这种能自主地、隐蔽地获取汽车完备运动信息的优势是诸如 GNSS 等其他定位系统无法比拟的，所以惯性导航系统一直是自动驾驶中获取汽车位姿的重要手段。

惯性导航是通过测量加速度，并自动根据算法进行运算，获得瞬时速度和瞬时位置数据的技术。组成惯性导航系统的设备都安装在运载体内，工作时不依赖外界信息，也不向外界辐射能量，不易受到干扰，是一种自主式导航系统。惯性导航系统主要由 3 个模块组成：惯性测量单元、信号预处理单元和机械力学编排模块，如图 8-5 所示。

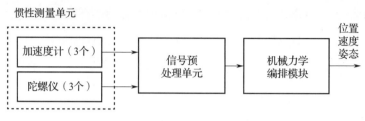

图 8-5　惯性导航系统组成

一个惯性测量单元包括 3 个相互正交的单轴加速度计和 3 个相互正交的单轴陀螺仪。信号预处理部分对惯性测量单元输出信号进行信号调理、误差补偿并检查输出量范围等，以确保惯性测量单元正常工作，结构如图 8-6 所示。惯性导航系统根据机械力学编排形式的不同，可分为平台式惯性导航系统（Gimbaled Inertial Navigation System，GINS）和捷联式惯性导航系统（Strap-down Inertial Navigation System，SINS）。

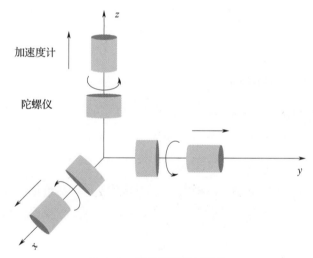

图 8-6　惯性测量单元结构

平台式惯性导航系统是将陀螺仪和加速度计等惯性测量单元通过支架平台与载体固连的惯性导航系统。惯性测量单元固定在平台台体上，系统的敏感轴能直接模拟导航坐标系，这就保证了敏感轴的准确指向，并且隔离了载体的角运动，给惯性测量单元提供了较好的工作环境，使得系统的精度较高，但平台台体也直接导致了系统结构复杂、体积大、制造成本高等不足。

捷联式惯性导航系统是把惯性测量单元直接固连在载体上，用计算机来完成平台惯性导航中的惯性平台功能的惯性导航系统，载体转动时系统的敏感轴也跟随转动，通过计算载体的姿态角就能确定出惯性测量单元敏感轴的指向，然后将惯性测量单元测量得到的载体运动信息变拖到导航坐标系上即可进行航迹递推。基于成本控制考虑，当前自动驾驶领域常用捷联式惯性导航系统。

惯性导航系统是一种以陀螺仪和加速度计为感知元件的导航参数计算系统，利用行迹的算法提供位置、速度和状态等信息。加速度计的工作原理可以得出加速度计输出沿敏感轴方向的比力，其中含有载体绝对加速度。陀螺仪可以输出车体相对于坐标系的角加速度。两个惯性传感器组的敏感轴是相互平行的，共享惯性传感器组的原点和敏感轴。汽车上互为正交的三个敏感轴的加速度计和陀螺仪输出，同时已知敏感轴的准确指向，就可以掌握汽车三维空间的运动加速度和角速度。

惯性导航系统工作原理基于牛顿第二运动定律，说明了加速度与作用力的成正比关系，方向与作用力方向相同。惯性导航系统的工作原理是利用载体先前的位置惯性测量单元测量的加速度和角速度，从而确定当前的位置。其中速度和加速度可通过位移的积分估算做到。

惯性坐标系可以说是一个惯性测量单元和积分器组成的系统。陀螺仪测量载体旋转信息求得载体姿态信息，再通过加速度测量的载体比力信息，再转换到导航的系统进行加速度信息积分计系统进行计算，计算出汽车的位置和姿态信息。汽车的姿态信息通过积分得到后，利用姿态信息把导航参数从惯性坐标系中转换到导航坐标系中。

（三）RTK

1. RTK 分类

RTK 是一种利用接收机实时观测卫星信号载波相位的技术，结合了数据通信技术与卫星定位技术，采用实时解算和数据处理的方式，能够实现为流动站提供在指定坐标系中的实时三维坐标点，在极短的时间内实现高精度的位置定位。常用的 RTK 定位技术分为常规 RTK 和网络 RTK。

（1）常规 RTK

常规 RTK 定位技术是一种基于 GNSS 高精度载波相位观测值的实时动态差分定位技术，也可用于快速静态定位。采用常规 RTK 进行定位工作时，除需配备基准站接收机和流动站接收机外，还需要数据通信设备。基准站通过数据链路将自己所获得的载波相位观测值及站坐标实时播发给在其周围工作的动态用户。流动站数据处理模块则通过动态差分定位的方式，确定流动站相对于基准站的位置，并根据基准站的坐标得到自身的瞬时绝对位置。常规 RTK 如图 8-7 所示。

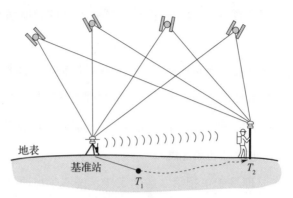

图 8-7　常规 RTK

显然，常规 RTK 定位技术虽然可以满足很多应用的要求，但流动站与基准站的距离不能过远，当距离大于 50km 时，常规 RTK 一般只能达到分米级的定位精度。因此，常规 RTK 并不能完全满足自动驾驶系统对汽车、车道及障碍物的厘米级定位需求。

（2）网络 RTK

网络 RTK 也称为多基准站 RTK。网络 RTK 属于实时载波相位双差定位，是近年基于常规 RTK 和差分 GNSS 技术等发展起来的实时动态定位新技术。网络 RTK，是指在某一区域内由若干个固定的、连续运行的 GNSS 基准站形成一个基准站网络，对区域内全方位覆盖，并以这些基准站中的一个或多个为基准，为该地区内的 GNSS 用户实现实时、高精度定位提供 GNSS 误差改正信息。网络 RTK 技术与常规 RTK 技术相比，覆盖范围更广，作业成本更低，定位精度更高，用户定位的初始化时间更短。

2. RTK 定位原理

（1）常规 RTK 定位

将一台接收机置于基准站上另一台或几台接收机置于载体（称为移动站）上，基准站和移动站同时接收同一时间、同 GPS 卫星发射的信号，基准站所获得的观测值与已知位置信息进行比较，得到 GPS 差分改正值，如图 8-8 所示。然后将这个改正值通过无线电数据链电台及时传递给共视卫星的移动站精化其 GPS 观测值，从而得到经差分改正后移动较准确的实时位置。

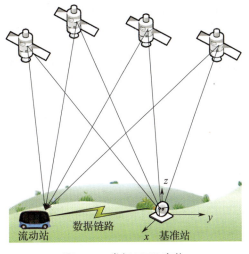

图 8-8 常规 RTK 定位

（2）网络 RTK 定位

网络 RTK 定位如图 8-9 所示。网络 RTK 主要包括固定的基准站网、负责数据处理的控制中心部分、数据播发中心、数据链路和用户站。其中基准网由若干个基准站组成，每个基准站都配备有双频全波长 GNSS 接收机、数据通信设备和气象仪器等，通过长时间 GNSS 静态相对定位等方法可以精确得到基准站的坐标，基准站 GNSS 接收机按一定采样率进行连续观测，通过数据链路将观测数据实时传送给数据处理中心，数据处理中心首先对各个站的数据进行预处理和质量分析，然后对整个基准站网的数据进行统一解算，实时估计出网内的各种系统误差的改正项，并建立误差模型。

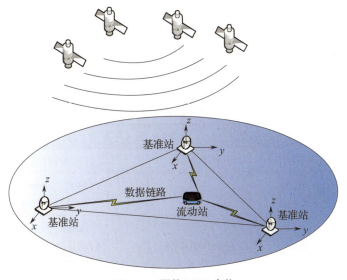

图 8-9 网络 RTK 定位

根据通信方式的不同，可将网络 RTK 系统分为单向数据通信和双向数据通信。在单向数据通信中，数据处理中心直接通过数据播发设备把误差参数广播出去，用户收到这些误差改正参数后，根据自己的坐标和相应的误差改正模型计算出误差改正数，从而进行高精度定位，在双向数据通信中，数据处理中心对流动站的服务请求进行实时侦听，并接收来自流动站的近似坐标，根据流动站的近似坐标和误差模型，求出流动站处的误差后，直接将数据或者虚拟观测值播发给用户。基准站与数据处理中心间的数据通信可采用无线通信等方法进行。流动站和数据处理中心间的双向数据通信则可通过 V2X 等车联网通信技术实现。

二、定位设备通信接口与协议

1. 定位设备通信协议

NMEA 协议是为了在不同的 GPS 导航设备中建立统一的 RTCM（海事无线电技术委员会）标准，它最初是由美国国家海洋电子协会（NMEA—The National Marine Electronics Association）制定的。NMEA 协议有 0180、0182 和 0183 三种，NMEA 0183 可以认为是前两种的升级，也是目前使用最为广泛的一种。

大多数常见的 GNSS 接收机都遵守或者至少兼容 NMEA0183 协议，且多以串口形式输出。下面就常见的 NMEA0183 协议进行介绍。

（1）$GPGGA

协议格式：

```
$GPGGA,<1>,<2>,<3>,<4>,<5>,<6>,<7>,<8>,<9>,<10>,<11>,<12>,<13>,
<14>*hh<CR><LF>
```

协议详细说明见表 8-2。

表 8-2　协议详细说明

字段号	名称	举例	单位	说明
0	消息 ID	$GPGGA		GGA 协议格式的数据头
1	定位点的 UTC 时间	100259.20		格式：hhmmss.sss， 时分秒，10 时 2 分 59 秒 20 毫秒
2	纬度	3944.00704498		ddmm.mmmm，度分格式，前导数不足时补零 39 度 44.00704498 分

（续）

字段号	名称	举例	单位	说明
3	纬度方向	N		N：北纬，S：南纬
4	经度	11625.37415966		dddmm.mmmm，度分格式，前导数不足时补零， 116 度 25.37415966 分
5	经度方向	E		E：东经，W：西经
6	GPS 定位状态指示	1		0：未定位；1：无差分，sps 模式，定位有效；2：带差分，sps 模式，定位有效；3：PPS 模式，定位有效
7	使用卫星数量	16	个	从 00 到 12（不足 10 的前面补 0）
8	水平精度衰减因子	3.1		范围：0.5~99.9
9	海平面高度	43.1488	m	范围：-9999.9~9999.9 海拔高度 43.1488m
10	高度单位	M		M 表示米
11	大地椭圆面相对于海平面的高度	-8.9375	m	范围：-9999.9~9999.9
12	高度单位	M	m	M 表示米
13	差分修订时间		s	从最近一次接近收到差分信号开始数秒，如果不是差分定位，此处为空
14	差分参考基站 ID 号	0000		范围：0000~1023，此处如果不是差分定位，此处为空
hh	校验和	4B		$ 与 * 之间所有字符 ASCII 码的校验和（各字节做异或运算，得到校验和后，再转换成 16 进制格式的 ASCII 码字符）
<CR><LF>	固定包尾			按 Enter 键换行

（2）$GPRMC

协议格式：

```
$GPRMC,<1>,<2>,<3>,<4>,<5>,<6>,<7>,<8>,<9>,<10>,<11>,<12>*hh<CR><LF>
```

协议详细说明见表 8-3。

表 8-3 协议详细说明

字段号	名称	举例	单位	说明
0	消息 ID	$GPGGA		GGA 协议格式的数据头
1	定位点的 UTC 时间	100259.40		格式：hhmmss.sss，10 时 2 分 59 秒 40 毫秒
2	定位状态	A		A：定位，V：导航
3	纬度	3944.00704015		ddmm.mmmm，度分格式 39 度 44.00704015 分
4	纬度半球	N		N：北纬，S：南纬
5	经度	11625.37413047		dddmm.mmmm，度分格式 116 度 25.37413047 分
6	经度半球	E		W：西经，E：东经
7	对地航速	0.057	节	000.0~999.9
8	对地航向	316.4	º	以南北为参考基准，二维方向指向，相当于二维罗盘
9	定位点的 UTC 日期	030122		日期：ddmmyy（日月年）3 日 1 月 2022 年
10	磁偏角	7.0	º	范围：000~180
11	磁偏角方向	W		E：东，W：西
12	模式指示	A		A= 自主定位，D= 差分，E= 估算，N= 数据无效
hh	校验和	26		$ 与 * 之间所有字符 ASCⅡ 码的校验和（各字节做异或运算，得到校验和后，再转换成 16 进制格式的 ASCⅡ 码字符）
<CR><LF>	固定包尾			按 Enter 键换行

（3）$GPGLL

协议格式：

$GPHDT, <1>, <2>, <3>, <4>, <5>, <6>, <7>*hh<CR><LF>

协议详细说明见表 8-4。

表 8-4 协议详细说明

字段号	名称	举例	单位	说明
0	消息 ID	$GPGLL		GLL 协议格式的数据头，定位地理信息（经纬度和时间以及定位状态信息）
1	纬度	3944.0070402		ddmm.mmmm，度分格式 39 度 44.0070402 分
2	纬度半球	N		N：北纬，S：南纬
3	经度	11625.3741305		dddmm.mmmm，度分格式 116 度 25.3741305 分
4	经度半球	E		W：西经，E：东经
5	UTC 时间	100259.40		格式：hhmmss.sss（时分秒） 10 时 2 分 59 秒 40 毫秒
6	定位状态	A		A=定位，V=未定位
hh	校验和	71		$ 与 * 之间所有字符 ASCⅡ码的校验和（各字节做异或运算，得到校验和后，再转换成 16 进制格式的 ASCⅡ 码字符）
<CR><LF>	固定包尾			按 Enter 键换行

（4）$GPHDT

协议格式：

`$GPHDT,<1>,<2>*hh<CR><LF>`

$GPHDT，353.9986，T*10

协议详细说明见表 8-5。

表 8-5 协议详细说明

字段号	名称	举例	单位	说明
0	消息 ID	$GPHDT		GGA 协议格式的数据头
1	偏航角（0°~360°）	353.9986	°	hhh.hhh，偏航角，353.9986°
2	固定字段	T		南北
hh	校验和	10		$ 与 * 之间所有字符 ASCⅡ码的校验和（各字节做异或运算，得到校验和后，再转换成 16 进制格式的 ASCⅡ 码字符）
<CR><LF>	固定包尾			按 Enter 键换行

2. 定位设备通信接口

本课程采用的 GNSS 定位设备为市面上一款常用的 GNSS 接收机，用于定位、导航的高精度厘米级 GNSS 产品，该产品可接收 GPS、GLONASS、BD 和 Galileo 四个系统的卫星信号，并具备远程基站的多系统载波相位差分功能，支持全系统多频点 RTK 定位，可作为移动站或基站使用。

岗位任务九　高精度定位设备接入与调试

1. 设备参数

（1）主要功能列表

- 定位：输出定位数据，确定载体的实时位置。
- 定向：输出后天线与前天线连线与北向的夹角。
- 测速：输出载体的速度信息。
- 差分定位：接收基站的位置差分信息，实现高精度的差分定位。

（2）系统参数

系统参数见表 8-6。

表 8-6　系统参数

参数类别	参数名称	参数说明
卫星信号	频率范围	GPS：L1+L2 GLNASS：G1+G2 FDMA 伽利略：E1+E5b BeiDou：B1，B2
系统精度	航向	0.2°（1σ，卫星信号质量良好，基线长度 ≥ 1m）
	位置	单点：1m（平面），1.5m（高程） DGPS：0.4m+1ppm（水平），0.8m+1ppm（垂直）
电气指标	供电电压	输入电压范围：DC9~32V；额定工作电压：DC12V
	功耗	≤ 12W
物理性能	工作温度	−40~70℃
	存储温度	−45~85℃

2. 硬件清单

硬件清单见表 8-7。

表 8-7 硬件清单

设备名称	实物图	功能说明
GNSS 信号接收机		卫星信号接收机，可接收 GPS、GLONASS、BD 和 Galileo 四个系统的卫星信号，支持 RTK 技术，可提供高精度的实时位置信息，支持 RS232、网络两种方式输出定位信息
航空电源接头		DC 供电 红线：电源正，9~36V 黑线：电源地
USB 转 RS232		配合上位机软件调试设备
RS232 直连线		采集控制器主机 COM 口与信号接收机 COM1 口连接
GNSS 天线	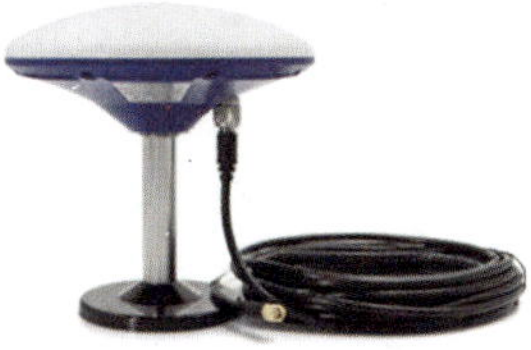	GNSS 天线（2 个），一前一后安装，间距 > 1m，才能有效测算出方位

3. 硬件连接示意图

硬件连接如图 8-10 所示。

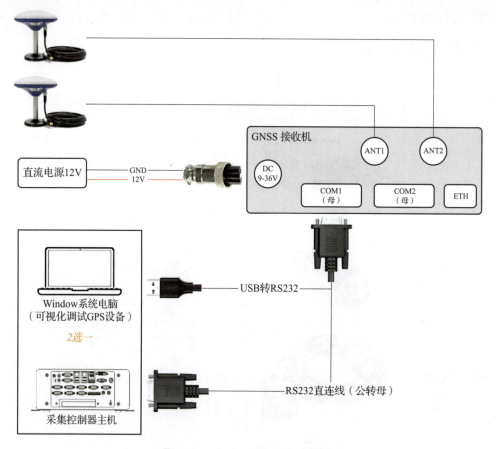

图 8-10 GNSS 设备硬件连接图

说明：

1）当 GNSS 接收机跟 Windows 操作系统电脑进行连接时，可通过上位机软件，可视化的显示定位信息，也可以通过串口调试助手对接收机进行配置。

2）当 GNSS 接收机跟采集控制器主机连接时，可通过采集系统，实时解析和发布定位数据。

3）2 个天线放置间隔 ≥ 1m，以便定位方位更好地解算出来。

4．软件调试

（1）查看定位信息

可以先用 USB 转 RS232 连接线跟普通电脑（Windows 操作系统）进行连接，通过可视化界面查看定位信息，相关步骤如下：

1）打开上位机可视化软件，uSTAR.exe，如图 8-11 所示。

图 8-11　打开上位机可视化软件

2）设置串口号和波特率（默认 115200），如图 8-12 所示。

图 8-12　设置串口号和波特率

3）查看定位数据，如图 8-13 所示。

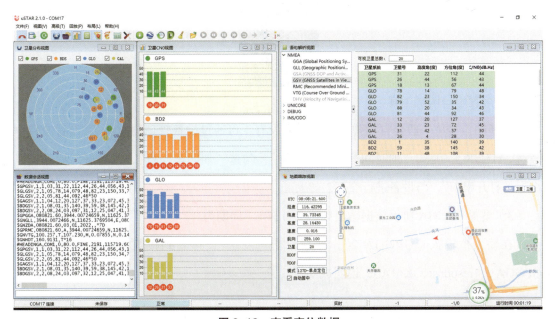

图 8-13　查看定位数据

各个显示框内容说明：

- 数据会话视图：GNSS 接收机设备串口输出的原始定位数据，包含了 GPGGA/BDGSV/GNHDT/HEADINGA 等协议数据。
- 卫星分布视图：接收到的所有卫星信号分布图，可以勾选只看 GPS、GLO、BD 或者 GAL 的卫星。
- 卫星 CN0 视图：接收到的所有卫星编号以及卫星信号强度。
- 语句解析视图：逐条解析 NMEA 协议数据，然后进行呈现。
- 地图跟踪视图：通过地图方式，当先找到这个位置，并数字化显示当前经纬度坐标、海拔高度、方向角（0°~360°）、卫星个数以及定位模式等。

（2）设置 GNSS 接收机

该设备除了可以通过 uSTART 可视化软件查看定位信息以外，还可通过串口调试助手对接收机进行设置，例如设置串口波特率、设置工作模式（基准站模式、移动基准模式）、NMEA0183 协议语句输出频率（1Hz、2Hz、5Hz、10Hz）。

设置 GNSS 接受的操作步骤如下：

1）打开 sscom 串口调试助手。

2）配置串口调试工具。

选择端口号（一般会自动弹出来，如果没有，可通过设备管理器查看），设置波特率（默认 115200），勾选"加时间戳和分包显示"，勾选"加回车换行"，准备好之后就可以点击"打开串口"，与设备进行交互。

3）设置 GPGGA 协议数据输出频率为 0.5Hz（周期为 2）。

在输入框输入"GPGGA 2"，然后单击"发送"，可看到接收机回复"commad, GPGGA 2, response:OK*1A"，说明成功了。

模块八　高精度定位技术及其数据采集

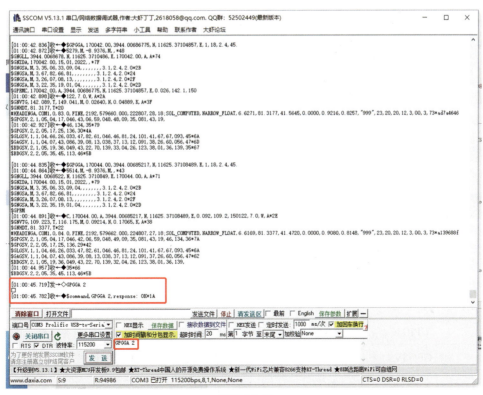

步骤2）图

步骤3）图

4）保存设置。

对接收机进行设置完以后，会立即生效，如果需要长久保存（配置信息掉电不丢失），还需要发送保存设置命令，即在输入框输入"saveconfig"，单击"发送"，会返回如下信息，"command, saveconfig, response:OK*55"说明保存成功，下次上电后依旧生效。

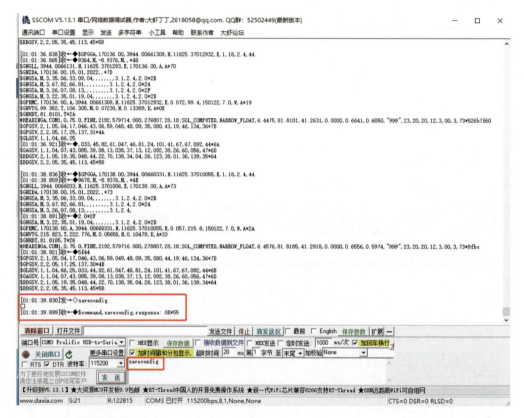

（3）常用命令汇总

常用命令说明见表8-8。

表8-8 常用命令说明

序号	命令	命令说明
1	GPGGA 1	当前串口输出1Hz的GPGGA信息，支持的参数如下： 0.2：输出周期0.2s，频率5Hz 0.5：输出周期0.5s，频率2Hz 1：输出周期1s，频率1Hz 2：输出周期2s，频率0.5Hz
2	GPRMC	当前串口输出1Hz的GPRMC信息（支持的参数同上）
3	GPGSV 1	当前串口输出1Hz的GPGSV信息（支持的参数同上）

（续）

序号	命令	命令说明
4	GPHDT 1	当前串口输出 1Hz 的 GPHDT 信息（支持的参数同上）
5	GPGLL 1	当前串口输出 1Hz 的 GPGLL 信息（支持的参数同上）
6	saveconfig	保存当前设置
7	UNLOG	停止串口输出 UNLOG 对当前串口停止输出所有的信息 UNLOG GPGGA 对当前串口停止输出 GPGGA 语句 UNLOG COM1 停止 com1 所有的信息输出 UNLOG COM2 GPGGA 停止 com2 输出的 GPGGA 语句

（4）ROS 环境下调试

在 Windows 环境下，可以通过可视化上位机软件查看 GNSS 工作状态，也可以通过串口调试助手对接收机进行设置，调整各个 NMEA 协议输出频率。在一切准备就绪后，就可以通过采集系统，实时解析和发布定位数据。下面进行详细介绍。

环境准备：

1）将 GNSS 接收机的 COM 口与采集控制器主机的任意 COM 口进行连接。

2）两个天线摆放位置距离 ≥ 1m。

操作步骤：

1）启动 Teminator 智能终端。

2）配置环境变量。

如果之前已经执行过如下配置，可省略这一步，这一步的目的就是把"source ~/catkin_ws/devel/setup.bash"这条命令，添加到 .bashrc 文件中，这样每当重新启动一个 shell 窗口时，都会自动执行该 source 命令，从而把本课程所用到的功能包路径配置到 ROS_PACKAGE_PATH 环境变量中。

```
echo "source ~/catkin_ws/devel/setup.bash" >> ~/.bashrc
source ~/.bashrc
```

可通过如下命令查询是否配置成功：

```
env |grep ROS_PACKAGE_PATH
```

```
hzhz@hzhz:~$ env |grep ROS_PACKAGE_PATH
ROS_PACKAGE_PATH=/home/hzhz/catkin_ws/src:/opt/ros/kinetic/share
```

3）启动 roscore。

```
roscore
```

4）修改 nmea_serial_driver_hzhz.launch 文件。

确认并修改 launch 启动文件，重点确认 port 和 baud 即可。port 对应 COM 口的设备节点；baud 就是 GNSS 接收机串口波特率。

5）启动 launch 文件。

```
roslaunch nmea_navsat_driver nmea_serial_driver_hzhz.launch
```

```
hzhz@hzhz:~$ roslaunch nmea_navsat_driver nmea_serial_driver_hzhz.launch
... logging to /home/hzhz/.ros/log/c3cd7e06-76c1-11ec-a37b-c400ad981614/roslaunch-hzhz-4032.log
Checking log directory for disk usage. This may take awhile.
Press Ctrl-C to interrupt
Done checking log file disk usage. Usage is <1GB.

started roslaunch server http://hzhz:40661/

SUMMARY
========

PARAMETERS
 * /nmea_serial_driver_node/baud: 115200
 * /nmea_serial_driver_node/frame_id: gps
 * /nmea_serial_driver_node/port: /dev/ttyS0
 * /nmea_serial_driver_node/time_ref_source: gps
 * /nmea_serial_driver_node/useRMC: False
 * /nmea_serial_driver_node/use_GNSS_time: False
 * /rosdistro: kinetic
 * /rosversion: 1.12.17

NODES
  /
    nmea_serial_driver_node (nmea_navsat_driver/nmea_serial_driver)

ROS_MASTER_URI=http://localhost:11311

process[nmea_serial_driver_node-1]: started with pid [4049]
```

6）重新开启一个窗口查看 topic 消息列表。

```
rostopic list
```

```
hzhz@hzhz:~$ rostopic list
/fix
/heading
/headinga
/rosout
/rosout_agg
/time_reference
/vel
```

7）查看定位消息。

```
rostopic echo /fix
```

```
hzhz@hzhz:~$ rostopic echo /fix
header:
  seq: 1
  stamp:
    secs: 1642339010
    nsecs:  46950101
  frame_id: "gps"
status:
  status: 0
  service: 1
latitude: 39.7334629427
longitude: 116.42293339
altitude: 36.5435
position_covariance: [184.95999999999998, 0.0, 0.0, 0.0, 184.95999999999998, 0.0, 0.0, 0.0, 2959.3599999999997]
position_covariance_type: 1
---
```

```
latitude: 纬度 39.7334629427
longitude: 经度 116.42293339
altitude: 海拔 36.5435
```

8）查看速度消息。

```
rostopic echo /vel
```

```
hzhz@hzhz:~$ rostopic echo /vel
header:
  seq: 1
  stamp:
    secs: 1642338806
    nsecs:  76042890
  frame_id: "gps"
twist:
  linear:
    x: 0.0367582265069
    y: 0.0196270650904
    z: 0.0
  angular:
    x: 0.0
    y: 0.0
    z: 0.0
---
```

其中，linear 里的 x、y、z 分别是设备在 x、y、z 三个方向的速度分量；angular 分别是设备在 x、y、z 三个方向的角速度分量。

坐标轴方向满足右手坐标系规则：

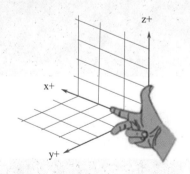

9）显示里程信息。

```
rviz
```

启动 rviz，然后通过 "Panels" -> "Add New Panel"，在弹出的 Panel 类型框中选择 mileage：

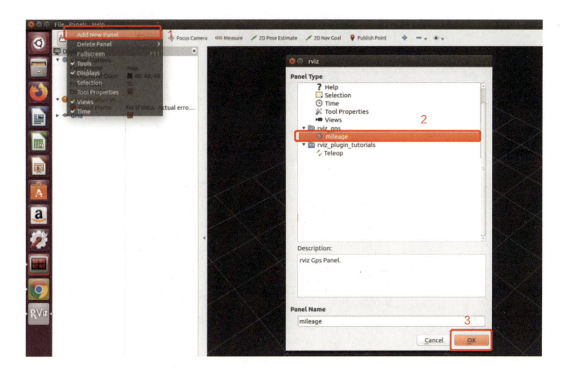

5. 反思与总结

1)高度定位设备的安装完成情况：

2)在安装使用过程中遇到的问题：

3)是如何来解决这些问题的：

思考与练习

一、判断题

1. 星基增强系统 SBAS 主要由空间段、地面段和用户段组成。 （   ）
2. 我国的地基增强系统用于北斗卫星导航系统的定位精度和完好性。 （   ）
3. 自动驾驶中需要更加精准的载波相位差分技术。 （   ）

二、填空题

1. GNSS 数据误差来源分为四类：（   ），（   ），（   ），（   ）。
2. 惯性导航系统是一种以（   ）和（   ）为感知元件的导航参数计算系统，利用行迹的算法提供位置、速度和状态等信息。
3. 全球四大卫星定位系统分别是：（   ）、（   ）、（   ）、（   ）。
4. GNSS 坐标系统分为（   ）、（   ）、（   ）和（   ）。
5. 惯性导航系统主要由（   ）、（   ）和（   ）模块组成。

三、简答题

1. 阐述卫星导航定位系统定义。

2. 解释 GNSS 定位的原理。

3. 阐述 RTK 技术。

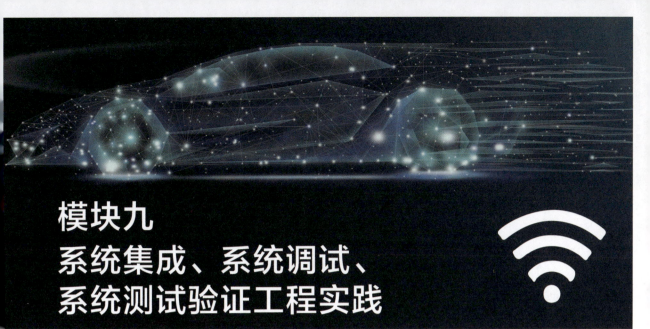

模块九
系统集成、系统调试、系统测试验证工程实践

学习目标

知识目标

- 能掌握智能网联汽车各个传感器的作用和工作原理。
- 能掌握智能网联汽车传感器故障诊断原理。
- 能掌握图形化界面操作流程。
- 能掌握智能网联汽车数据采集工作原理。

技能目标

- 能将智能网联汽车所有传感器设备正确与采集控制器进行硬件连接。
- 能掌握如何采集智能网联汽车传感器数据。
- 能掌握如何对采集的数据进行存储。
- 能掌握数据采集过程中的故障诊断技术。

素质目标

- 养成查阅资料、联系实际的习惯,增强学习和动手能力。
- 通过了解智能网联汽车各个传感器的工作原理,能娴熟地将传感器与采集控制器连接,进而更深层次地了解智能网联汽车数据采集,增强民族自信心。

一、多源传感器采集技术工程实践

采集控制器主机支持多路 CAN 接口、串口、以太网接口等，作为传感器输入接口，采集高精度定位设备、摄像头、毫米波雷达、激光雷达等的同步数据。

1. 环境准备

1）将毫米波雷达、高精度定位设备、激光雷达、摄像头等多种传感器跟采集控制器主机进行连接，参见前面各章节的硬件连接示意图。

2）启动 Ubuntu 系统。

3）配置激光雷达网络配置（参见激光雷达 ROS 环境下调试章节）。

2. ROS 环境下操作步骤

1）按 Ctrl+Alt+T 启动 Teminator 终端。

2）配置环境变量。

如果之前已经执行过如下配置，可省略这一步，这一步的目的就是把"source ~/catkin_ws/devel/setup.bash"这条命令，添加到 .bashrc 文件中，这样每当重新启动一个 shell 窗口时，都会自动执行该 source 命令，从而把本课程所用到的功能包路径配置到 ROS_PACKAGE_PATH 环境变量中。

```
echo "source ~/catkin_ws/devel/setup.bash" >> ~/.bashrc
source ~/.bashrc
```

可通过如下命令查询是否配置成功：

```
env |grep ROS_PACKAGE_PATH
```

```
hzhz@hzhz:~$ env |grep ROS_PACKAGE_PATH
ROS_PACKAGE_PATH=/home/hzhz/catkin_ws/src:/opt/ros/kinetic/share
```

3）设置 CAN 设备节点，波特率设置为 500kbit/s。

```
sudo ip link set can0 up type can bitrate 500000
sudo ip link set can1 up type can bitrate 500000
sudo ip link set can2 up type can bitrate 500000
sudo ip link set can3 up type can bitrate 500000
```

4）启动 roscore。

```
roscore
```

```
hzhz@hzhz:~$ roscore
... logging to /home/hzhz/.ros/log/c3cd7e06-76c1-11ec-a37b-c400ad981614/roslaunch-hzhz-2245.log
Checking log directory for disk usage. This may take awhile.
Press Ctrl-C to interrupt
Done checking log file disk usage. Usage is <1GB.

started roslaunch server http://hzhz:33599/
ros_comm version 1.12.17

SUMMARY
========

PARAMETERS
 * /rosdistro: kinetic
 * /rosversion: 1.12.17

NODES

auto-starting new master
process[master]: started with pid [2256]
ROS_MASTER_URI=http://hzhz:11311/

setting /run_id to c3cd7e06-76c1-11ec-a37b-c400ad981614
process[rosout-1]: started with pid [2269]
started core service [/rosout]
```

5）再开启一个窗口，启动摄像头 launch 启动文件。

```
roslaunch usb_cam usb_cam-test.launch
```

6）新开启一个窗口，启动高精度定位设备的 launch 启动文件。

```
roslaunch nmea_navsat_driver nmea_serial_driver_hzhz.launch
```

7）新开启一个窗口，启动毫米波雷达 node 节点。

```
rosrun radar_can_handle radar_can_handle_node can0
```

8）新开启一个窗口，启动智能视觉传感器 node 节点。

```
rosrun send_can_data send_can_data_node can1
```

9）新开启一个窗口，启动激光雷达 launch 节点。

```
roslaunch rslidar_sdk start.hzhz.launch
roslaunch pointcloud_to_laserscan pointcloud_scan.launch
```

10）查看 topic。

```
rostopic list
```

```
hzhz@hzhz:~$ rostopic list
/can0
/can1
/can2
/can3
/clicked_point
/initialpose
/move_base_simple/goal
/rosout
/rosout_agg
/rslidar_laserscan
/rslidar_points
/scan
/tf
/tf_static
/usb_cam/camera_info
/usb_cam/image_raw
/usb_cam/image_raw/compressed
/usb_cam/image_raw/compressed/parameter_descriptions
/usb_cam/image_raw/compressed/parameter_updates
/usb_cam/image_raw/compressedDepth
/usb_cam/image_raw/compressedDepth/parameter_descriptions
/usb_cam/image_raw/compressedDepth/parameter_updates
/usb_cam/image_raw/theora
/usb_cam/image_raw/theora/parameter_descriptions
/usb_cam/image_raw/theora/parameter_updates
/vel
```

二、数据采集与数据存储技术工程实践

rosbag 主要用于记录、回放、分析 rostopic 中的数据。它可以将指定 rostopic 中的数据记录到 .bag 后缀的数据包中，便于对其中的数据进行离线分析和处理。

在实际操作之前，先简单介绍下 rosbag 常用密令，然后介绍数据采集实践步骤。

1. rosbag 常用命令

（1）录制数据

录制当前所有 topic 数据，存储到当前路径下：

```
rosbag record -a
```

只录制感兴趣的 topic 数据，存储到当前路径下：

```
rosbag record /topic1 /topic2
```

（2）检查

显示数据包中的信息：

```
rosbag info <bagfile>
```

包含录制的起始时间、结束时间、时间长度、录制的话题名称、话题类型、topic 消息数量等信息。

（3）回放

回放 bag 包里面的所有 topic：

```
rosbag play <bagfile>
```

修改消息回放频率：

```
rosbag play -r 2 <bagfile>
```

其中，-r 后面的值表示播放频率，2 就是 2 倍速度播放 bag 包里面的 topic。

循环回放：

```
rosbag play -l <bagfile>
```

其中，-l 等效于 --loop，循环播放的意思。

仅播放感兴趣的 topic：

```
rosbag play <bagfile> --topic /topic1
```

（4）其他常见 rosbag 命令

其他常见 rosbag 命令见表 9-1。

表 9-1 其他常见 rosbag 命令

命令	说明
check	检查一个包是否可以在当前系统中回放和迁移
compress	压缩一个或多个 bag 包

(续)

命令	说明
decompress	解压一个或多个包文件
fix	在包文件中修复消息，以便在当前系统中播放
help	获取相关命令指示帮助信息
reindex	重新索引一个或多个损坏 bag 包

2. ROS 环境下操作步骤

录制需要的 topic：

```
rosbag record /usb_cam/image_raw/ /rslidar_points /rslidar_laserscan /
fix /can0 /can1 /can2 /can3
```

```
hzhz@hzhz:~$ rosbag record /usb_cam/image_raw/compressed /rslidar_points /rslidar_laserscan /fix /can0 /can1 /can2 /can3
[ INFO] [1646478708.575039714]: Subscribing to /can0
[ INFO] [1646478708.577935451]: Subscribing to /can1
[ INFO] [1646478708.580472362]: Subscribing to /can2
[ INFO] [1646478708.582383759]: Subscribing to /can3
[ INFO] [1646478708.584358926]: Subscribing to /fix
[ INFO] [1646478708.586411356]: Subscribing to /rslidar_laserscan
[ INFO] [1646478708.588617451]: Subscribing to /rslidar_points
[ INFO] [1646478708.590652959]: Subscribing to /usb_cam/image_raw/compressed
[ INFO] [1646478708.593802432]: Recording to ./_2022-03-05-19-11-48_0.bag.
[ INFO] [1646478768.603833965]: Closing ./_2022-03-05-19-11-48_0.bag.
```

可以通过 rosbag info 进行查看数据包里的信息：

```
hzhz@hzhz:~$ rosbag info _2022-03-05-19-11-48_0.bag
path:         _2022-03-05-19-11-48_0.bag
version:      2.0
duration:     59.7s
start:        Mar 05 2022 19:11:48.85 (1646478708.85)
end:          Mar 05 2022 19:12:48.55 (1646478768.55)
size:         601.4 MB
messages:     5079
compression:  none [606/606 chunks]
types:        can_msgs/Frame                  [64ae5cebf967dc6aae4e78f5683a5b25]
              sensor_msgs/CompressedImage     [8f7a12909da2c9d3332d540a0977563f]
              sensor_msgs/LaserScan           [90c7ef2dc6895d81024acba2ac42f369]
              sensor_msgs/NavSatFix           [2d3a8cd499b9b4a0249fb98fd05cfa48]
              sensor_msgs/PointCloud2         [1158d486dd51d683ce2f1be655c3c181]
topics:       /can0                              3703 msgs    : can_msgs/Frame
              /fix                                 30 msgs    : sensor_msgs/NavSatFix
              /rslidar_laserscan                  605 msgs    : sensor_msgs/LaserScan
              /rslidar_points                     605 msgs    : sensor_msgs/PointCloud2
              /usb_cam/image_raw/compressed       136 msgs    : sensor_msgs/CompressedImage
```

注意：只有当 topic 有消息数据时，才会进行录制，并且会统计录制的总数。

三、实时故障检测与诊断技术工程实践

为了实时检测各传感器的工作状态，保障数据采集的完整性与真实性，需要对各个

设备进行故障检测与诊断。检测方法有很多，例如可以通过查看各个传感器的数据是否有更新（通过消息的时间戳进行判别），如果超过一定时间没有更新，则说明该传感器出现故障。

查看各个传感器 topic 消息

（1）激光雷达点云信息

```
rostopic echo /rslidar_points
```

```
 stamp:
    secs: 1646835505
    nsecs: 112586498
  frame_id: "laser"
height: 16
width: 2016
fields:
  -
    name: "x"
    offset: 0
    datatype: 7
    count: 1
  -
    name: "y"
    offset: 4
    datatype: 7
    count: 1
  -
    name: "z"
    offset: 8
    datatype: 7
    count: 1
  -
    name: "intensity"
    offset: 16
    datatype: 7
    count: 1
is_bigendian: False
point_step: 32
row_step: 64512
data: [0, 0, 192, 127, 0, 0, 192, 127, 0, 0, 192, 127, 0, 0, 128, 63, 0, 0, 0, 0, 0, 0, 0, 0, 32, 14
is_dense: False
---
```

（2）激光雷达扫描信息

```
rostopic echo /rslidar_laserscan
```

```
 stamp:
    secs: 1646837232
    nsecs: 584419012
  frame_id: "laser"
angle_min: -3.14159274101
angle_max: 3.14159274101
angle_increment: 0.00349065847695
time_increment: 0.0
scan_time: 0.0
range_min: 0.0
range_max: 150.0
ranges: [1.6879884004592896, inf, 0.8631191253662109, 0.8481216430664062, 0.8431224226951599, 0.8381
intensities: [1.0, 0.0, 22.0, 6.0, 6.0, 19.0, 22.0, 15.0, 13.0, 11.0, 11.0, 10.0, 10.0, 10.0, 10.0,
```

（3）CAN 设备（以 can0 为例）

```
rostopic echo /can0
```

```
    stamp:
      secs: 1646834430
      nsecs: 586572463
    frame_id: "can0"
id: 1281
is_rtr: False
is_extended: False
is_error: False
dlc: 6
data: [3, 167, 120, 0, 94, 126, 0, 0]
---
```

（4）摄像头

```
rostopic echo /usb_cam/image_raw/compressed
```

```
    stamp:
      secs: 1646835736
      nsecs:   52268155
    frame_id: "usb_cam"
format: "rgb8; jpeg compressed bgr8"
data: [255, 216, 255, 224, 0, 16, 74, 70, 73, 70, 0, 1, 1, 0, 0, 1, 0, 1, 0, 0, 255, 219, 0, 67, 0,
```

（5）高精度定位设备

```
rostopic echo /fix
```

```
    stamp:
      secs: 1646835382
      nsecs:  39271116
    frame_id: "gps"
status:
  status: 0
  service: 1
latitude: 39.73345985
longitude: 116.42289092
altitude: 31.2504
position_covariance: [134.56, 0.0, 0.0, 0.0, 134.56, 0.0, 0.0, 0.0, 2152.96]
position_covariance_type: 1
---
```

四、人机交互技术工程实践

1. 图形化界面

为了将采集到的多源同步数据更直观地呈现给用户，采用 rviz 图形化工具进行集成显示。基于本课程实际需求，可视化显示激光雷达点云数据、CAN 总线数据（例如毫米波雷达 CAN 数据、汽车 CAN 总线数据等）、图像数据以及里程信息等多种数据。

分别将各个传感器的可视化界面添加到 rviz 界面中：

1）启动 rviz。

2）添加摄像头显示界面，参见模块三，ROS 环境下调试部分。

3）添加激光雷达显示界面，参见模块四，ROS 环境下调试部分。

4）通过"Panels"->"Add New Panel"，如图 9-1 所示，在弹出的 Panel 类型框中分别添加 CAN 数据显示界面和里程信息显示界面，如图 9-2 所示。

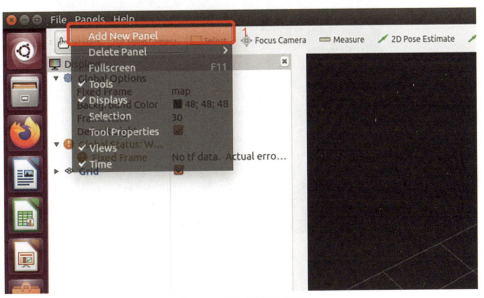

图 9-1 添加可视化界面

图 9-2 添加 CAN 数据显示界面和里程信息显示界面

整体 rviz 可视化界面如图 9-3 所示。

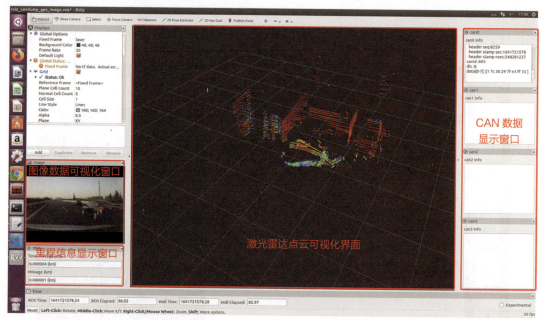

图 9-3　整体 rviz 可视化界面

2. 声音提示

除了可视化界面以外，还可以通过高拟真度、灵活配置的语音合成技术，打通人机交互的闭环，在数据采集过程中实现自然语音提示。语音合成技术，能够提供多种音色的选择，并提供调节语速、语调等功能。

文本转语音是语音合成应用的一种，是人机对话的一部分，让机器能够说话。它将储存于计算机中的文件，转换成自然语音输出。这项技术能够帮助人们阅读计算机上的信息，经常与声音识别程序一起使用。

它是同时运用语言学和心理学的杰出之作，把文字智能地转化为自然语音流。在其特有智能语音控制器作用下，文本输出的语音音律流畅，使得听者在听取信息时感觉自然，毫无机器语音输出的冷漠与生涩感。

实际工程应用中有多种语音技术可以选用，本书中以 eSpeak 为例进行介绍。

eSpeak 是一款简洁的开源软件语音合成系统，适用于 Linux 和 Windows，支持英语和其他多种语言。eSpeak 使用共振峰合成方法，使得语言文件非常小。

eSpeak 的安装：

```
sudo apt-get install espeak
```

常用命令

(1) 播放英文

```
$espeak "hello world"
```

(2) 播放中文（中文需要安装相应的语音包）

```
espeak -v zh "你好"
```

(3) 播放文件

```
espeak -f filename
```

(4) 将英文字符串转成音频文件

```
espeak -w filename.wav "hello world"
```

(5) 还有一些其他的选项可用（可以查看帮助）

```
espeak -h
```

在数据采集过程中，可以将相应的语音功能进行集成，以便进行系统运行状态提示。

五、设备开机自启动技术工程实践

为了让程序能够在系统开机的时候自动启动，有如下 4 种方式：

1. /etc/rc.local

rc.local 是 Ubuntu 系统开机后自动执行的脚本，默认没有任何指令，可以在该脚本中添加用户自己的启动脚本，最后以 exit 0 结束，就可以实现开机自动执行用户程序。举例如下：

```
#!/bin/sh -e
#
# rc.local
#
```

```
# This script is executed at the end of each multiuser runlevel.
# Make sure that the script will "exit 0" on success or any other
# value on error.
#
# In order to enable or disable this script just change the execution
# bits.
#
# By default this script does nothing.

/home/hzhz/test.sh &

exit 0
```

2. /etc/init.d

init.d 目录中存放的是一系列的系统服务的管理脚本，可以通过 service 命令执行这些服务脚本，例如 service ntp start，可启动 /etc/init.d/ntp 服务脚本。

1）新建脚本。

在 /etc/init.d/ 目录下新建一个脚本，取名为 test.sh，加粗部分是模板注释内容，需要保留，并进行适当修改，然后在后面添加自己的启动命令即可，如下所示：

```
#!/bin/bash
### BEGIN INIT INFO
# Provides:          test.sh
# Required-Start:    $local_fs $network $remote_fs $syslog
# Required-Stop:     $local_fs $network $remote_fs $syslog
# Default-Start:     2 3 4 5
# Default-Stop:      0 1 6
# Short-Description: starts the test.sh daemon
# Description:       starts test.sh using start-stop-daemon
### END INIT INFO

#add your shell code
```

2）设置文件可执行权限。

```
chmod +x test.sh
```

3）将脚本添加到启动脚本。

```
update-rc.d test.sh defaults 99
```
（将脚本移除开机脚本，`update-rc.d -f test.sh remove`）

说明：defaults 96 指定了脚本的开机顺序，数字为 0~99，数字越大执行优先级越低，用户添加的程序最好选择低优先级的执行顺序，因为很可能我们的用户程序会依赖一些系统的应用进程。

4）运行脚本。

```
service test.sh start
```

5）查看开机启动项。

```
systemd-analyze blame
```

3. systemd

systemd 是 Linux 系统工具，用来启动守护进程的，目前已经成为大多数 Linux 发行版的标准配置工具。

1）查看是否启用 systemd 系统工具。

```
system --version
```

如果返回如下内容表明启动：

```
systemd 229
+PAM +AUDIT +SELINUX +IMA +APPARMOR +SMACK +SYSVINIT +UTMP +LIBCRYPTSETUP
+GCRYPT +GNUTLS +ACL +XZ -LZ4 +SECCOMP +BLKID +ELFUTILS +KMOD -IDN
```

2）添加配置文件。

Linux 是一个复杂的系统，开机自启动涉及的依赖、运行级别、运行环境等问题都需要用户去指定，这样系统在启动的时候才能正确无误地运行用户的软件，所以需要一个配置文件，以 .service 为后缀的。加入用户的可执行程序为 /home/hzhz/test.sh，则需要给 test.sh 添加一个 test.service 的配置文件：

```
[Unit]
Description=
Documentation=
After=network.target
```

```
Wants=
Requires=

[Service]
ExecStart=/home/hzhz/test.sh
ExecStop=
ExecReload=/home/hzhz/test.sh
Type=simple

[Install]
WantedBy=multi-user.target
```

并且将文件放置在 /usr/lib/systemd/system 或者 /etc/systemd/system 目录下。

3）设置开机自启动。

```
sudo systemctl enable test.service
```

4. 图形化设置

在搜索框中输入 startup，选择 Startup Applications，如图 9-4 所示。

图 9-4　图形化设置

单击 Add 按钮，在弹出的对话框中填入要启动的用户程序，最后单击对话框中的 Add 完成添加，如图 9-5 所示。

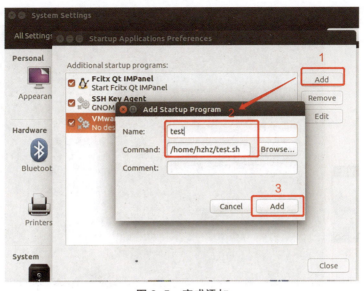

图 9-5　完成添加

六、系统集成和测试验证

为了方便实现多源传感器的数据采集与存储工作，本课程已经将所有程序集成到 data_collection_start 可执行程序，只需要执行一条命令即可，具体步骤如下。

1）确认所有传感器与采集主机硬件连接正常，开启采集主机，进入 Ubuntu 系统。

2）按住 Ctrl+Alt+T 开启终端窗口。

3）在终端窗口输入 data_collection_start 命令并回车，启动数据采集主程序。

```
sudo data_collection_start
```

4）启动程序会在当前终端界面打印程序运行的调试信息，稍等几秒钟就会进入图 9-6 所示的界面。

5）如果有移动硬盘或者 U 盘等外部存储设备，录制的数据包会优先存储在外部存储设备中（先插入 U 盘，再启动采集程序），如果没有外部存储设备，则默认存储在 /home/hzhz/ 路径下，生成以日期命名的后缀为 .bag 的数据包。

6）如果要退出程序，不要直接点击界面左上角的"×"关闭窗口，要在步骤 3 中的终端窗口，按 Ctrl+C，退出程序。

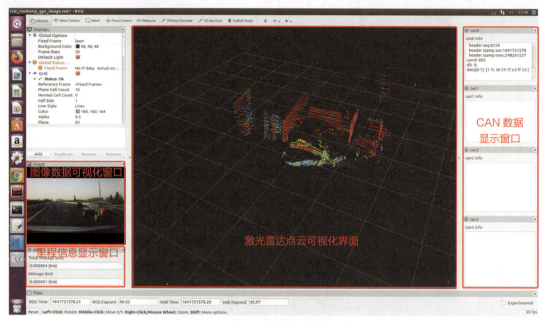

图 9-6 可视化界面

系统集成、调试及验证

1）将数据采集系统的硬件准备齐全，完成所有硬件的连接，确认所有传感器与采集主机硬件连接正常。

2）开启采集主机，进入 Ubuntu 系统。

3）按住 Ctrl+Alt+T 开启终端窗口，在终端窗口输入 data_collection_start 命令并回车，启动数据采集主程序。

4）在测试区域驾驶车辆完成相应的数据采集工作，之后将数据存储到电脑和外部存储设备中，按正确的操作方法退出程序。

5）反思与总结：

①影响系统硬件集成的因素有哪些？

②在进行数据采集中可能会影响到数据采集质量的因素有哪些？

③如何来解决这些问题？

思考与练习

一、判断题

1. 运行 ROS 程序需要先确认好环境变量是否配置成功。　　　　　　（　　）
2. CAN 设备节点的波特率只能设置成 500kbit/s。　　　　　　　　　（　　）
3. 用 rostopic echo 命令可以查看各个传感器 topic 的详细信息。　　　（　　）

二、填空题

1. 查看传感器消息列表的命令是（　　　　）。
2. 录制数据的命令是（　　　　），查看数据包详细信息的命令是（　　　　），回放数据包的命令是（　　　　）。

三、简答题

1. 简述如何查看传感器数据，包含哪些步骤。

2. 简述如何判断传感器是否正常工作。

3. 简述如何录制感兴趣的 topic 数据，并回放感兴趣的 topic 数据。